李晓燕／著

多边主义：
历史与理论

Multilateralism:
History and Theory

中国政法大学出版社

2022·北京

本书系作者主持的国家社会科学基金研究项目（21BGJ067）
"后疫情时代的多边主义与世界秩序研究"的阶段性研究成果。

目　录
CONTENTS

导　论 ·· 001

第一章　什么是多边主义 ·· 008

　　一、界定多边主义 ·· 008

　　二、多边主义的发展阶段 ·· 023

　　三、多边主义的效用评估 ·· 028

第二章　多边主义的起源与历史 ·· 043

　　一、多边主义是主权国家间交往的经验成果 ··················· 043

　　二、19 世纪的多边主义：主权原则的完善与
　　　　互联互通共识 ·· 045

　　三、20 世纪上半叶的多边主义：两次世界大战重塑
　　　　共识 ·· 050

　　四、20 世纪下半叶的多边主义：全球努力与区域进展 ······· 056

　　五、21 世纪的新多边主义：主权平等与充分发展 ··········· 072

第三章　旧多边主义的时代价值与局限性 ····························· 077

　　一、欧洲多边主义经验的身份同质性 ····························· 078

　　二、美国多边主义经验的排他性 ··································· 084

　　三、多边主义与认知革命 ·· 090

第四章 新多边主义与人类命运共同体 ………… 112

一、新多边主义是确保主权平等原则充分实现的
理论创新成果 ………………………… 113

二、新多边主义是发展中国家和地区的外交实践成果 … 119

三、新多边主义是人类命运共同体理论的核心假定 … 133

第五章 全球治理体系变革与多边主义的前景 ……… 143

一、百年未有之大变局与全球治理体系变革 …………… 144

二、共商共建共享是全球治理体系变革的目标方向 … 146

三、多边主义是推动全球治理体系变革的根本出路 …… 150

四、当前多边主义面临的挑战及其发展前景 ………… 155

后 记 ……………………………………… 166

导　论

　　多边主义源起于 19 世纪初欧洲大国在历经拿破仑战争之后恢复欧洲权力平衡基础上产生的"欧洲协调"（Concert of Europe）实践。权力平衡（balance of power）即"均势"原则，经过 19 世纪后期的"大陆和解"尝试和第一次世界大战的冲击后，演进到"集体安全"（collective security）模式。集体安全把欧洲主导时代的均势原则改造成 1：N 的权力平衡，美国经验中的结构主义就被嵌入其中。第二次世界大战后，为了解决国际联盟实践中集体安全赖以维系的"集体制裁"失灵难题，国际社会通过联合国安理会常任理事国的制度设计明确了大国责任。与此同时，多边主义作为避免歧视性安排的基本国际交往形式开始具有了更为广泛的理论和实践基础。

　　二战后，美国进入国际关系理论发展的倍速增长和收获期，特别是在经过了 20 世纪五六十年代的联合国政治框架运行和布雷顿森林体系探索后，美国国内在多边主义理论和实践上也进入以"自由制度主义"和"新自由制度主义"为标志的繁荣阶段。繁荣加剧了观点主张的二元分野，一边主张多边主义即美国霸权优势支撑下的国际制度体系和自由国际秩序，一边主张多边主义以协商一致、达成共识为原则，制度化仅能作为实现路径之一，并且存在明显弊端。然而，冷战以苏联阵营的解体结束，随后以互联网和信息技术崛起推动的美国霸权优势一再背书了美国国际关系理论界偏好的结构主义，国际关系理论知识生产的"中心—边缘"地位在美国国内和世界范围内成为一种长期稳定的结构，以至于美国国内理论研究的思想开放和声音多元的传统日渐消退。

新中国的外交事业就是在美国霸权塑造的战后世界政治经济格局中起步的，"一边倒""和平共处五项原则""三个世界理论"都是充满中国智慧的战略选择，也清楚反映了当时世界政治经济现实中存在的"中心—边缘"结构。与这种现实相呼应，中国国际关系理论研究的知识生产也经历了从研究局部世界（比如民族解放运动、苏联经验）到研究整体世界（比如冷战）的演进。冷战结束后，中国国际关系理论研究中的地区知识自我意识和现实关切更为突出地聚焦在世界如何认识中国、中国如何理解世界的宏大问题上，并且形成了"改变自己，影响世界"[1]的理论发展基础共识。

一方面，中国国际关系理论的知识生产关注中国与世界的互动，对世界政治经济现实的"中心—边缘"结构有缜密的思考，因此对美国国际关系理论界关于多边主义理论和实践的二元分野进行了平等的研究观照，这可以解释为什么当民粹现实主义强势回归美国政治和外交以及特朗普政府作出一系列破坏美国战后繁荣赖以存续的制度基础的行为的时候，中国学界能够与少数美国同仁同时做出"霸主推卸责任是多边主义之

---

[1] 参见章百家："改变自己　影响世界——20世纪中国外交基本线索刍议"，载《中国社会科学》2002年第1期。

困"的判断，[1]对拜登执政后表面上推出"重建更美好未来世界"（Build Back Better World，B3W）计划，实则借多边主义之名行美国霸权复兴之实的"伪多边主义"面纱也能予以准确地揭露和反驳。

另一方面，中国国际关系理论的知识生产对世界"边缘"地区的发展经验有更加充分的客观分析，对美国以外的理论研究和发展实践都保持了关注。事实上，多边主义作为二战后国际交往的基本形式，对美国以外的国家和地区实现发展起着更为决定性的作用。多边主义以主权平等和开放性原则为基础，无论是否存在美国霸权主导的国际制度体系，战后世界政治经济发展的任何一个领域都离不开多边主义的作用。中国恢复联合国安理会常任理事国席位、加入世界贸易组织、倡导"人类命运共同体"都是坚持多边主义而取得的历史成就。中国国际关系理论界的知识生产正是因为有了对"中心—边缘"的同等关切，才能在不足 20 年的时间里实现从争论是否需要"中国学派"到成为"构建全球国际关系"（The Making of Global International Relations）中的重要一部分的演进。

中国的发展经验和成就离不开多边主义，"越开放，越向上"[2]的中国声音不仅回答了世界对中国的观望，也解释了美国霸权衰落的根源。在 21 世纪的第三个十年开端之时，中国国际关系理论的知识生产已经摆脱战后美国霸权塑造的

---

〔1〕　参见门洪华、于永群："中美软实力比较（2017～2020）"，载《国际关系研究》2021 年第 4 期；李晓燕："多边主义再思考与世界秩序重构"，载《东北亚论坛》2021 年第 6 期。

〔2〕　"越开放，越向上"，载人民日报客户端 http://wap.peopleapp.com/article/6351545/6240770.

"中心—边缘"结构的束缚，成为推动国际关系学第二个百年的理论发展中的一个重要地区知识来源。在新的历史起点上，中国国际关系研究同时具备前沿信息技术和深厚文化蕴含的双重优势，可谓是理论创新和知识生产历史上最好的时期。

2021年10月28日美国公司Facebook改名Meta的新闻引发全球商业市场的关注，中国国际关系学界也即时出现了以"元宇宙与国家安全"为主题的研究报告，[1]同时对Meta为什么翻译为"元"进行了争论。事实上，"元"的译法最能反映中国文化和观念对秩序的认识。"元"即"始"，凡数之始为"元"。中国古代以"元旦"为一年之始，以二十四节气指导农耕，顺应天时而勤勉劳动的人们会因此收获富足而安宁的生活。在中国文化中自然内嵌着秩序安排，以"修身、齐家、治国、平天下"为治学理想的中国知识精英对世界的认识也遵循秩序安排。当美国国内还困惑于所谓自由国际秩序的幻灭和输出失败时，中国已经发出了最坚定的声音，"世界只有一个体系，就是以联合国为核心的国际体系；只有一个秩序，就是以国际法为基础的国际秩序；只有一套规则，就是以联合国宪章宗旨和原则为基础的国际关系基本准则。"[2]习近平主席在中国恢复联合国合法席位50周年的纪念讲话中进一步指出，"人类是一个整体，地球是一个家园。任何人、任何国家都无法独善其身"，"推动构建人类命运共同体，不是以一种制度

---

〔1〕 参见中国现代国际关系研究院："元宇宙与国家安全"，http://www.cicir. ac. cn/NEW/opinion. html？id=d568c9de-d8d3-4cf3-9e86-6b2ded4fdc49，2021年10月30日。

〔2〕 中国联合国合作立场文件，载 https://www.fmprc. gov. cn/web/ziliao_ 674904/tytj_ 674911/zcwj_ 674915/t1916136. shtml，2021年10月30日。

代替另一种制度，不是以一种文明代替另一种文明，而是不同社会制度、不同意识形态、不同历史文化、不同发展水平的国家在国际事务中利益共生、权利共享、责任共担，形成共建美好世界的最大公约数"。[1]

　　事实上，美国国际关系理论界对其二战后霸权地位赖以存续的知识基础产生的反思和疑虑早在 2008 年金融危机爆发前后就已经出现，支撑美国国际关系理论研究的二战后繁荣的思想开放和声音多元原则退化到了几乎无足轻重的地步。美国经验和理论作为地区知识的局限性越来越被全球国际关系学界所诟病，随之而来的"非西方世界"理论和知识生产得以摆脱长期被边缘化的地位，国际关系研究的"中国学派"无疑是其中发展得最为完整的一个代表。国际关系理论研究的"中国学派"有效解释了中国与世界的关系，说明了中国秉持多边主义精神，坚持改革开放道路取得的发展经验，同时也向世界证明了，发展的模式和经验从来不是由霸权国供应的，"一个国家走的道路行不行，关键要看是否符合本国国情，是否顺应时代发展潮流"。"多样性是人类文明的魅力所在，更是世界发展的活力和动力之源"。"文明没有高下、优劣之分，只有特色、地域之别"[2]，国际关系的知识生产也是如此。道阻且长，行则将至，行而不辍，则未来可期。

　　本书是近年来作者关于多边主义研究的理论思考成果，旨

〔1〕　习近平："站在历史正确的一边，站在人类进步的一边"，载 https://www.fmprc.gov.cn/web/tpxw/t1916568.shtml，2021 年 10 月 30 日。
〔2〕　习近平："站在历史正确的一边，站在人类进步的一边"，载 https://www.fmprc.gov.cn/web/tpxw/t1916568.shtml，2021 年 10 月 30 日。

在初步厘清以"多边主义"为核心假定构建系统化国际关系理论的可行性。作者认为，以多边主义为基本假定的"人类命运共同体"理论是中国国际关系理论创新的重要突破，对当今世界正处于百年未有之大变局的发展现状能够予以充分解释，对推动全球治理体系重塑具有理论引领价值。本书分五章对国际关系中的多边主义理论与实践进行了阐释。第一章"什么是多边主义"，澄清了多边主义的理论内涵与表现形式，说明了多边主义作为避免歧视性安排的基本国际交往方式是历史的产物，具有不同发展阶段的特征，准确认识这些阶段性特征对于评估多边主义的成效和推动多边主义合作具有重要意义。第二章"多边主义的起源与历史"，梳理了多边主义在民族国家国际交往发展史上的出现及其演进过程，解释了多边主义与主权平等原则和实现充分发展之间的内在联系。第三章"旧多边主义的时代价值与局限性"，总结二战结束后多边主义理论和实践的成果对战后复兴世界经济与促进国际合作产生的重要作用，同时也提出其作为一定历史时期的地区经验不可避免的局限性。第四章"新多边主义与人类命运共同体"，指出中国外交经验代表了新多边主义的发展路径，以及在新多边主义基本假定基础上构建人类命运共同体具有的理论价值和现实意义。第五章"全球治理体系变革与多边主义的前景"，说明推动全球治理体系变革是应对"百年未有之大变局"的必然选择，坚持多边主义则是推动全球治理体系变革的根本保障，与此同时，全面重启后疫情时代的多边主义合作也面临一些关键的挑战，但是前景向好。

理论不是纷繁思想的拼合，而是对一个基本思想或核心概念的系统阐释和合理展开。理论构建是一个成核化过程：始于一个核心概念，然后围绕这个概念不断发展，逐步成为成熟的体系。[1]希望《多边主义：历史与理论》一书能够说明"多边主义"作为核心概念的研究价值。

---

[1]　参见秦亚青："文化与国际关系理论创新——基于理性和关系性的比较研究"，载《中国社会科学评价》2019年第4期。

第一章
什么是多边主义

　　多边主义是现代民族国家交往历史的产物，是主权平等原则充分实现的需要。作为历史产物的多边主义不同于表现形式各异的多边制度，也不能等同于不具有整体性的多边外交行为，而是一种基本的国际交往形式。多边主义以主权平等与开放性原则、参与方在政治上的权责不可分割性、扩散性互惠的实现为本质内涵，同时也离不开参与方、共同目标、持续行动和一定的实现形式的支撑。

　　自19世纪初萌芽以来，多边主义的生成都是在国际关系局部地区经验的基础上凝聚共识，然后又将这些共识转化成具体的规范和可操作的规则而渐次推进的。多边主义不是一劳永逸的结果，而是不断演进的政治过程，因此评判多边主义的有效性和国际关系意义的依据只能是其本质内涵的实现程度。多边主义旨在促使参与方协商一致和达成共识，这才是国际关系的原生本质，也是其能够帮助国际社会克服危机、重建世界秩序、"照亮人类前行之路"的历史价值来源。

一、界定多边主义

　　多边主义（multilateralism）概念出现于二战后的美国，系统的理论研究则是兴起于 20 世纪 90 年代中期，属于"元范式"层面的研究而非宏观理论或者单一的理论流派，反映了学界对后冷战时期国际关系的一种深层思考，但却仅仅维持了大约十年的活跃期后就趋于沉寂。[1]自 1993 年约翰·鲁杰（John Ruggie）主编的《多边主义》（*Multilateralism Matters*）[2]出版以来，参与其研究课题的学者，比如罗伯特·基欧汉（Robert O. Keohane）、莉萨·马丁（Lisa L. Martin）等，后来几乎都成为支撑美国制度主义理论流派的中坚力量。遗憾的是美国国内此后并没有在多边主义研究议程下形成超越该书的学术成果。

与国外不同，中国国内的"多边主义"研究往往重实务而轻理论，从 2000 年以后进入比较活跃的研究阶段以来，尽管没有出现显著的研究高潮和密集的研究成果，但是研究的领军人物和持续的观点发声起到的学术影响是值得肯定的。比如，张贵洪的联合国研究及其与斯瓦兰·辛格主编的《亚洲的多边主义》、郑启荣和牛仲君主编的《中国多边外交》自出版以来都保持很高的被引用率。[3]不过与此同时，由于理论研究的缺乏，国内的"多边主义"研究也存在热度高于深度的明显不足。

鉴于上述研究现状，我们需要对"多边主义"概念的内涵与外延予以清晰的界定，厘清概念有助于说明"多边主义"

---

〔1〕 本章的研究内容曾作为作者文章的一部分公开发表，参见李晓燕："多边主义再思考与世界秩序重构"，载《东北亚论坛》2021 年第 6 期；李晓燕："从多边主义到新多边主义：共识稀缺困境及其出路"，载《学术界》2022 年第 5 期。

〔2〕 参见 ［美］约翰·鲁杰主编：《多边主义》，苏长和等译，浙江人民出版社 2003 年版。

〔3〕 参见张贵洪、斯瓦兰·辛格主编：《亚洲的多边主义》，时事出版社 2012 年版。郑启荣、牛仲君主编：《中国多边外交》，世界知识出版社 2012 年版。

作为核心概念对于国际关系理论创新的重要意义。

（一）内涵与外延

多边主义即多数国家参与的国际治理，旨在定义一些原则性的问题，特别是反对歧视性的国际安排。针对 20 世纪以来两次世界大战的深刻教训，大国政治中的歧视性国际安排往往被认为是加剧国际冲突的根源。二战后的多边主义更加偏向于寻求合作和共识的最大公约数，反对那些双边或者是不利于弱国的歧视性国际安排。某种意义上来说，正是由于被赋予了这样的预期，关于多边主义的具体定义也逐渐表现出分歧，有学者将其界定为一种要求很高的制度形式，有学者则认可其为一种生成性原则框架。多边主义与同样可以冠之以"主义"的三大主流国际关系理论之一的"自由主义"具有深层的联系。以罗伯特·基欧汉为代表的"新自由制度主义"不仅是二战后多边主义理论研究的重要组成部分，甚至最终造成了多边主义研究中"制度"（institution）导向与"原则"（principle）导向的二元分野。前者强调多边主义是一种制度实践，即"基于普遍性行为原则协调三个或三个以上国家间关系"[1]的制度形式，认为达成共识就必须表现为明确或者暗含的规则、规范，否则其效力也无从论及，罗伯特·基欧汉、莉萨·马丁都是这种观点的代表人物；后者则把多边主义理解为一种原则框架，是"由规范性原则和现实信念混合而成的、为促进多边活动而设计出来的意识形态"[2]，可以生成具体的规则规

〔1〕 See Robert O. Keohane, "Multilateralism: An Agenda for Research", *International Journal*, Vol. 45, No. 4. , 1999, pp. 731-764.

〔2〕 James A. Caporaso, "International Relations Theory and Multilateralism: The Search for Foundations", *International Organization*, Vol. 46, No. 3. , pp. 599-632.

范，但是不能将二者等同，弗里德里希·克拉托赫维尔（Friedrich Kratochwill）、詹姆斯·卡帕拉索（James A. Caporaso）的研究是这种观点的典型代表。

两种研究都起始于多边主义旨在协调国家间关系、促成合作的过程价值，却在结果导向上止步于不同阶段。制度导向的多边主义研究更贴近二战后美国外交和国际关系发展的现实，活跃的实证研究使其能够保持与现实主义关于美国霸权的理论对话和争论，因此掌握了话语优势和主流地位。原则导向的多边主义研究在有效性之外更多看到的是合作共识的出现和维系问题，它们认可的反思主义研究方法也不及实证主义带来的学术对话和争论显示度高。如果没有旧秩序被破坏而呼唤新共识出现的现实压力，原则导向的多边主义自然容易被忽略。多边主义研究自20世纪90年代兴起后很快趋于沉寂与上述两大研究分支的不同倾向性显然是有内在关系的。然而，无论倾向于具体的制度还是抽象的原则，分歧都是发生在概念的外延层面，关于多边主义的本质内涵——主权平等、政治权责的不可分割、扩散性互惠——并不存在矛盾。

第一，主权平等是形成多边主义合作的前提。多边主义源于对歧视性国际安排的纠正，特别是二战后出现的多边主义国际安排大多数都强调主权平等，在公开的章程中有效规避了参与合作的障碍。多边主义可以说是最能充分体现《联合国宪章》精神的国际交往方式，宽松的加入条件和非歧视性原则意味着参与多边主义并不需要大国的支持。至少在制度设计中，战后新兴的国际组织都给弱国赋予了它们在制度以外不能获得的决策地位。然而到了20世纪80年代，大多边主义（big multilateralism）开始衰落也是事实，保有优势的少数强国不再能够接受受到冲击的少边主义谈判（mini-lateral bargains）中弱国的搭便车行为。[1]霸主国没有放弃合作，而是越来越倾向于寻求支配规则。多边主义在不同历史时期和不同问题领域中表现出很强的差异性也就不足为奇了。主权平等原则意味着参与多边主义合作的各方都应有平等的地位，主要体现在合作的程序上要赋予全体参与方平等的决策权利。当然，这种地位能否等同于实际决策权，就要取决于第二个特征，也就是政治权责的不可分割，即合作中的决策是否具有法律上的约束力，少数成员能否阻止或抵制多边主义合作中的决策。

第二，政治权责的不可分割是确保多边主义合作生效的关键，也是将参与者的合作意愿转化成现实的过程。所谓不可分割，即指任何一方成员或者少数力量不能改变多边主义中经过协商达成的一致，换言之，决策会影响所有参与者的行为。并且，这种一致应该是一种具有生成具体规则能力的高级原则，而不是具体规则本身，它们对具体规则的影响不是演绎推理式的，它们对塑造行为的影响也是多种多样的。具体规则是在不同议题领域和不同成员间被设计出来的，可能强调的是多边主义三个核心内涵中的任何一个。[2]强调多边主义作为一种基本国际交往形式的重要性使我们认识到，某种多边制度的形成实际上不是由于具体议题对规定的需求所引起的，相反，这种规定所采纳的形式受到多边主义所赋予的深层结构的生成逻辑

---

[1] See Miles Kahler, Multilateralism with Small and Large Numbers, in John Gerard Ruggie, *Multilateralism Matters: The Theory and Praxis of an Institutional Form*, Columbia University Press, 1993, p.295.

[2] 参见［德］弗里德里希·克拉托赫维尔："规范与数目问题：多边主义与对制度的理性主义和反思主义研究法"，载［美］约翰·鲁杰主编：《多边主义》，苏长和等译，浙江人民出版社2003年版，第522页。

影响。比如，北约的形式不是由防御功能决定的，而是来自于战后欧洲特殊的历史经验和美国相关决策者的理念。另有曾经出现在 1955～1977 年的东南亚条约组织，同样证明了如果脱离了多边主义原则的支撑，即使有多边制度的设计，合作也是难以维系的。需要说明的是，此处提到的两个例子仅仅是为了说明政治权责不可分割原则的生成性意义，并非将这两个例子本身代表的多边制度和组织形式本身视为多边主义，关于多边主义与多边制度的概念大小关系和根本区别，后文将做详细辨析。

多边主义的独特之处并不在于事先存在的制度规则及其不证自明的有效性，而是把议题相关的国家聚集在一起，通过阻止可预见的有害行为或者鼓励不常出现的有利行为，从而把多边主义合作扩展到尚不存在合作的互动领域中。换句话说，多边主义并不以成熟的制度规则为前提，而是以达成合作为目标。有关国家聚拢到多边主义框架下的动力源于推进合作、规避风险的共识，因而愿意做出一些在多边主义框架外不会轻易投资的有利行为，由此产生合作或者拓展和延伸已经存在的合作。

第三，扩散性互惠（diffuse reciprocity）在多边主义合作中存在的争议最小，因为一旦达成一致，多边主义框架下没有任何角色可以预期或者实际地干预特定利益惠及特定成员，只要合作按规则运行，产生的收益就是可持续的，这也是多边主义合作被追求的根本原因。不同于双边交往中可以根据特定性互惠（special reciprocity）的预期来制定规则，多边主义合作中的成本—收益始终处于动态的平衡中，收益既无定向归属，也没有正向增长的保障。促成多边主义合作的国际环境与合作表现出的具体形式有着内在的联系，多边主义是在彼此分立和拥有主权的国家间实现大量合作的有效方式，它不仅是国家间交往的历史产物，而且始终受制于国际政治的实际发展水平。多边主义既不是一劳永逸的国际制度安排，也不是能够自我约束的机制化系统，它需要有关各方的积极维护，合作可能有先来后到之分，但是不应内外有别。欧洲的经验表明，很多把一组国家带向一体化的步骤是多边主义的，但是一旦实现了一体化，合作中的关系就不再符合多边主义了。因此，欧洲学者往往看重多边主义的效用（effectiveness），主张应该以寻求实际问题的解决为目标探索联合国改革的方式。美国学者的经验扎根于二战后支撑其世界霸主地位的国际制度体系，这就能解释为什么无论是美国主张的所谓"竞争性多边主义"[1]的核心思想还是在美国主导的国际制度体系内的改革或修补，都并未触及霸主供应路径之外的任何其他选项。

需要说明的是，多边主义表现出三个核心内涵，并不意味着这三方面要在某一合作领域中同时出现，事实上兼顾三方面内涵的合作在二战后的世界秩序安排中基本不存在，即使达成共识后创建了成熟稳定的多边制度和组织形式，也是侧重实现了某些内涵特征而削弱了另外一些方面。比如，主权平等与政治权责的不可分割在很多合作中受议题领域的限制几乎不可能兼得，否则也无法确保合作产生的收益可持续。有些多边制度，特别是与联合国系统有关的多数国际组织，在平等参与、平等投票和防止少数成员国可能阻挠组织作出决定方面表现很好；但与此同时，它们在决议的约束力方面则很弱。另有一些

---

〔1〕 Julia Morse, Robert O. Keohane, "Contested Multilateralism", *Review of International Organization*, Vol. 9, No. 4. , 2014, pp. 385-412.

多边制度在参与各方拥有平等投票权和防止少数成员阻挠组织作出决定方面比较弱，但是在决议的法律约束力方面就很强，比如国际货币基金组织。一般来说，主权平等原则实现程度高的多边制度通常只有建议性的权力，而设计中充分考虑政治权责不可分割的多边制度往往至少掌握某些重要的权威性权力。[1]

为了实现上述内涵，多边主义合作从形成共识到生成合作的过程离不开成员方、合作目标、持续的行为及恰当的形式设计三方面外延。将外延等同于多边主义本身也是妨碍理解多边主义的常见偏差，因此需要做出概念辨析，比如多边主义不等于多边行为，多边主义也不等于任何具体的多边制度。

首先是成员方。多边主义是一种国际交往方式，旨在避免歧视性国际安排，所以表明多边主义存在需要两个或两个以上的成员方。多边主义成员方是多元多样的，不仅包括民族国家，而且包括国际组织、非政府组织、多种跨国行为体，因此多边主义是最符合全球治理发展趋势需要的国际交往形式。多边主义成员并非越多越好，但是一定是彼此平等且自愿参与多边主义的，这种平等跟参与方对多边主义的贡献大小无关，成员间的差异、矛盾和分歧也并不因为多边主义而自动消失。相反，多边主义的重要国际关系意义正是在于任何参与方都能在平等对话的基础上协商一致、达成共识，任何参与方对于多边主义而言都有不可取代的平等地位。

其次是合作目标，也就是能够表明多边主义确已生效的共

---

[1] 参见马克·扎奇尔："多边组织和多边主义制度：非领土空间的发展机制"，载［美］约翰·鲁杰主编：《多边主义》，苏长和等译，浙江人民出版社2003年版，第458~459页。

识。经过协商一致达成的共识能够促使参与方为可能的合作或者弥合分歧做出贡献，因此是判断多边主义是否生效的根本标志。还未形成共识的国际交往和互动对于多边主义的生成具有价值，因为不接触、不对话肯定难以形成共识，但是仅有共识而无后续的实质性行为支持共识与目标的存在，只能说明多边主义产生作用的阶段性成果。在民族国家主导国际关系的时代，多边主义在凝聚共识阶段的作用是最为突出的，后续成果和实质性合作却远不能支撑和转化这些共识，这是我们在认识和理解多边主义时常常遇到困惑的主要原因。

最后是围绕目标和共识开展的持续的行为。在多边主义目标和共识的基础上，还需要参与成员间持续的行为将目标转化成具体的合作规范和可执行的规则，否则多边主义也就失去了意义。不同的问题领域可转化成的规范和规则也千差万别，为确保规范的可操作和规则执行的有效性，往往还要根据不同议题和参与合作方的历史与现实条件进行具体的形式设计，比如，多边制度、多边论坛、国际组织、国际条约、国际协定都是可能的多边主义互动形式，不过不能反过来将多边主义等同于任何一种具体形式。因为在参与方协商一致的基础上，任何形式的产生、变革与调整都是可能的，甚至多边主义共识和目标的变动都是可接受的，只要能获得参与方的认可。比如，国际捕鲸委员会（International Whaling Commission，IWC）自1948 年成立以来，经历过限制捕鲸种类（1972 年）、全面禁止商业捕鲸（1986 年）、允许为科学目的和以人道主义方式捕鲸（1994 年）的具体规范和规则变化过程，相应的"减少捕鲸数量"的目标实现水平也呈现涨落不定的变化，但是委员会作为该议题领域多边主义合作框架的意义并不能因此而被否定。

（二）概念辨析一：多边主义不等于多边制度

多边主义不等于多边制度/机制，后者是前者的一种形式但不是全部形式。二者存在的一个根本差别是多边制度可能具有排他性，而多边主义的首要内涵就是主权平等与开放性。比如，欧洲一体化合作进程从起步到统一大市场形成阶段都体现了明确的多边主义开放性，但是宣布成为欧盟和建立欧元区后则成为具有排他性的多边制度。因此对欧盟的研究应该适用多重多元的理论工具，有学者就将欧盟视为双边主义、多边主义、复合主义（polylateralism）的系统化运行产物。[1]

多边主义是一个不断演进的政治过程，[2]将多边主义等同于多边制度事实上就把多边主义视为一劳永逸的结果，特别是认为有了多边制度的多边主义合作就能彻底解决成本—收益的核算，加入和遵守多边制度是唯一选择。事实上，多边主义在凝聚共识、形成规范、执行规则三个不同阶段能够产生作用的方式并不相同，维护多边主义是一个持续的、动态的过程而非最终结果。[3]并非所有的多边主义合作都可能经历完整的三个发展阶段，有些问题领域不可能也不需要经历三个阶段。多边制度则是第三阶段"执行规则"的产物，而且制度的有效性离不开资金和资源的供应，一旦供应机制失灵就会引发制

---

〔1〕　See G. Wiseman, "'Polylateralism' and New Models of Global Dialogue", *Discussion Paper*, Leicester Diplomatic Studies Programme, Vol. 59., 1999, pp. 10-11.

〔2〕　See Vincent Pouliot, "The Practice of Permanent Representation to International Organizations", in Ole Jacob Sending, Vincent Pouliot, Iver B. Neumann, *Diplomacy and the Making of World Politics*, Cambridge University Press, 2015, p. 81.

〔3〕　See Robert Kissack, *Pursuing Effective Multilateralism: The European Union, International Organizations and the Politics of Decision Making*, Palgrave Macmillan, 2010.

度失灵，进而损害甚至中止多边主义合作。再比如，即使有了多边制度，制度能否实现参与方的诉求？关于制度中的遵约行为产生的意义也有很多争议，并非一味遵约就能使制度奏效，遵约也不等同于维护多边主义。[1]更何况新千年以后的国际制度体系明显已经不能满足全球治理的需要，由国家、国际组织、跨国公司等行为体组合而成的新型全球治理复合行为体也在重新定义着多边主义，有学者将其称为"复杂多边主义"[2]（complex multilateralism）。

将多边主义等同于多边制度不仅忽视了多边制度具有的自主性和不同制度设计之间的巨大差异性，而且往往是受战后美国霸权主导国际制度体系时期的影响，只是片面看到霸权主导国际制度产生的局部地区增长和繁荣，并没有考虑到制度设计本身的不合理导致的发展差距，以及霸权国推卸责任损害其他参与方的利益等弊端。这些弊端都是背离多边主义的主权平等、政治权责不可分割、扩散性互惠三项本质内涵的。战后美国设计和主导的大部分多边制度都是建立在一个自由主义的经济学假定基础上，即多边制度的有效性来自于避免信息不对称造成的交易成本损害国际合作，然而该假定仅仅是在一部分议题领域有效，因为信息透明度的高低决定了不同议题领域是否能形成多边制度，但是却不能决定该领域是否存在多边主义。比如，冷战结束以来应对气候变化一直是国际社会具有高度共识的合作领域，却历经《京都议定书》和《巴黎协定》两个多边制度

---

〔1〕 参见乔治·W·唐斯、戴维·M·罗克、彼得·N·巴苏姆："遵约的福音是合作的福音吗？"，载［美］莉萨·马丁、贝思·西蒙斯编：《国际制度》，黄仁伟、蔡鹏鸿等译，上海人民出版社 2006 年版，第 320~352 页。

〔2〕 See Robert O' Brien et al. , eds. , *Contesting Global Governance*: *Multilateral Economic Institutions and Global Social Movements*, Cambridge University Press, 2000.

时代也没有产生预期的合作成果。这说明不是多边制度决定合作与否，而是相反，多边主义始终在推动合作，无论信息透明度高或者低，只要合作的共识存在，合作的具体规范和规则可能体现在不同的形式中，多边制度只是其中的一种形式。不能因为多边制度的失灵而全盘否定多边主义，也不能容许以多边之名行排他之实的各种"伪多边主义"阻滞合作的持续进程。

（三）概念辨析二：多边主义不等于多边外交

多边主义不能简单等同于多边外交，前者是抽象的外交形式，后者是具体的外交行为。可以举一个例子说明二者的不同。比如，1945 年旧金山会议引入"工作语言"和"官方语言"的建设性概念，赋予了英语、俄语、汉语、法语、西班牙语"官方语言"的地位。这一举措被认为是秉持"多边主义"精神结束 18 世纪以来现代外交史上的语文之争的重要创新实践。与此同时，旧金山会议规定英语和法语是"工作语言"又是确保外交活动能够顺利进行的必要平衡，是一种能够实现妥协和尽快达成一致的"多边外交"行为。[1]简言之，多边主义需要兼顾主权平等、政治权责不可分割、扩散性互惠三原则，而多边外交不必兼顾，多边外交更多要以持续性推动交往和产生结果为目标，往往是在三原则之间权衡和妥协后偏向某些方面的优先性而取得的成果。

将多边主义等同于多边外交是常见的误区之一。比如，19 世纪初多边主义萌芽时期，频次很低的大国会议是很受欢迎和重视的多边外交形式，往往能凝聚共识、形成规范，甚至制定

---

〔1〕 See A. Ostrower, *Language、Law、and Diplomacy*, 2 volumes, Philadelphia, PA: University of Pennsylvania Press, 1965, p. 408.

出具体规则，有效推动多边主义的进展。但是到了 20 世纪末，大国会议频繁且备受指责，重重矛盾也很难通过任何一次峰会得到解决，于是会议外交的挫折和低效往往被舆论过度解读为多边主义的前景渺茫和不容乐观。可以说，新千年以来全球化进程的加速和挫折一直也没有摆脱这种对多边主义的责难，其中很重要的原因就是将多边主义与多边外交不恰当地划上了等号。从这个意义上说，新冠疫情及其引发的世界政治经济分裂危机大大降低了首脑峰会的频次，转为线上的视频峰会中国家元首们的发言和表态以更加清晰的方式呈现在新闻和舆论中，从中更容易分辨各方的立场分歧与可能形成的共识，对重启多边主义合作进程有一定积极价值。与此同时，来自社交媒体的独立声音也受到更多关注，关于各国应对疫情和经济复苏的举措是否积极有效更容易形成真实的评判，因此重启多边主义合作的过程中不可避免地要更多体现出来自民众的意愿和共识，这也是对传统多边外交方式的挑战与稀释，需要以创新的理念和实践方式来凝聚有效共识和形成相应的规范、规则。换言之，多边主义的本质是不变的，多边外交的形式却在不断调整和适应新的时空与议题。

　　将多边主义等同于多边外交是深受二战结束以来美国国际关系理论和实践影响的结果，往往将国际交往各方间的关系固化为基于力量对比的"结构"，而不是基于主权平等的多样性关系。需要指出的是，即使在美国学者的研究中，对这种"结构"化国际交往的观点也有很多持异议者，他们并非推崇"后结构主义"，只是主张警惕"结构主义"。因为所谓的"结构"（structure）是行为体基于力量对比而形成的等级制关系。事实上，在国际关系互动中，除了权力作用的领域呈现出结构性互动特征，还有至少两种其他的典型性互动，一种是基于成本—收益核算的市场化互动，另一种是基于道德、价值观、知识、同情心驱动的网格化互动，这两类互动中行为体之间的关系往往可以界定为并无明显中心的"矩阵"（matrix）。多边外交不同于民族国家间的双边外交行为的突出特征就是，多边外交更接近于市场化互动和网格化互动方式，每次行为的产生不能预期即时的行为结果和收益回报。而双边外交中主要是特定互惠原则起作用，即行为必有结果、付出必有回报，所以互动双方容易形成强弱、大小对比的结构，也是权力决定论研究者和外交家们追捧的要么竞争—合作，要么遏制—屈从的二元选择逻辑最适用的领域。

　　不可否认，国家间交往的目的是获得回报，交往中互惠原则的产生意味着交往行为及其回报必须是大致对等的。但是，交往的实际发生过程是一方的行为以另一方的回应为前提的，所以互惠的达成也存在偶然性、迟滞和偏差，甚至造成系统性错误知觉和结果。即便如此，互惠原则的存在还是具有决定性意义，互惠使国家间互动具有了可预见性，尽管不是精确的预测，参与互动的各方却可以判断其交往活动的大致结果，[1]交往的可持续性就有了保障。互惠的主要类型是特定性互惠（special reciprocity）与扩散性互惠（diffuse reciprocity）。特定性互惠主要发生于双边交往中，是指"特定的参与方在严格限制交往连续性的条件下进行等值交换"。扩散性互惠主要发生在多边交往中，是指交往的"连续性没有严格限制"进而也难以定义公平的回报发生过程。扩散性互惠的参与方并不坚持

---

　　〔1〕　See L. C. Becker, *Reciprocity*, Chicago, IL and London: University of Chicago Press, 1986, p. 84.

在每一次交往中都有即时生效的、绝对的公平，[1]是确保非歧视性国际安排的保障，因此也成为多边主义的本质内涵之一。

国际交往中互惠发生的条件主要受交往各方行为及其结果的对等性（即发生"一报还一报"的可能性高低），以及这些行为和结果发生的时效性（即发生"一报还一报"的时长间隔大小）影响。如果对等性突出而时效性不明显，往往会形成特定性互惠，互动方对各自的行为选择都有明确的判断，互动具有可预见性。如果对等性不突出但是时效性明显，则会形成扩散性互惠，参与交往的各方都能有一定收益，继续互动的可能性也能得到维护。如果对等性突出且时效性突出，或者是对等性与时效性均不突出，则呈现收益回报的混合型互惠，虽然收益可能不及时明确，但是能鼓励交往延续和预期出现变化，能培养合作或者冲突的环境，也能体现交往的价值所在。（详见图1）

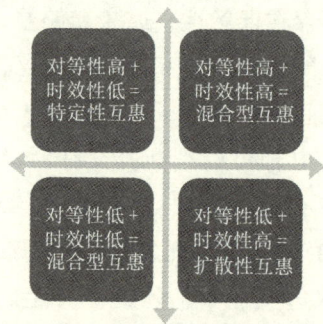

| 对等性高+
时效性低=
特定性互惠 | 对等性高+
时效性高=
混合型互惠 |
| 对等性低+
时效性低=
混合型互惠 | 对等性低+
时效性高=
扩散性互惠 |

图1　国际交往中互惠的生成条件与主要类型[2]

〔1〕 See Robert Keohane, "Reciprocity in International Relations," *International Organization*, Vol.40, No.8, 1986, pp.4-8.
〔2〕 参见［瑞典］克里斯特·约恩松、马丁·霍尔：《外交的本质》，肖玙译，北京大学出版社2020年版，第31页。

多边外交是外交的固有内涵，与双边外交并行不悖，是民族国家对外交往的两条发展主线。寻找、建立和融入团队（urge to team up with others）是多边外交代表的核心工作，他们通常比从事国内事务和对外关系中的双边互动的外交官面对更多的"挫折"，并且需要承担更多沟通成本，在达成目标的过程中面临更多的障碍和不确定性。[1]多边外交代表之间的"网格化关系"（nodal relationships）也是多边外交运行的另一个突出特征。多边合作制度源于权力结构、市场规律、知识或者道德的共识，[2]并在这三个层面表现出有差别的权力来源和分配方式。网格化关系意味着各方成员代表和多边制度或国际组织职员、官员都是在扮演关系"节点"（node）的角色中推动多边外交目标实现的最大化，节点之间的联系是多向的，节点自身没有大小强弱之分，但是确实会因为其承载的信息和传输的力量而获得多边合作的回报和国际社会的认可。有学者就用"星云图"形容多边外交代表与多边制度的关系，并将其视为推动多边主义发展的必要途径。这样的描述一定程度上澄清了三个概念之间的联系与区别。

二、多边主义的发展阶段

多边主义生成有效的国际合作大体会经历三个阶段：凝聚共识、形成规范、执行规则。但是，并不是说所有的多边主

---

〔1〕　See Vincent Pouliot, *International Pecking Orders: The Politics of Multilateral Diplomacy*, Cambridge University Press, 2016, pp. 138-140.

〔2〕　[美] 玛格丽特·E·凯克、凯瑟琳·辛金克：《超越国界的活动家：国际政治中的倡议网络》，韩召颖、孙英丽译，北京大学出版社 2005 年版，第 9~11 页。

义合作都要经历完整的三个阶段，具体在哪个阶段产生作用主要取决于两个条件：一是合作领域的信息透明度，二是该领域是否存在主导国。因此，并不能依据其发展阶段评判多边主义的有效性和国际关系意义。特别是就问题领域的限制条件而言，在事关人类发展进步的问题领域，比如在消除贫困、基本人权问题上，多边主义无论在哪个阶段生成有效的合作，都是有历史价值的。这就是多边主义符合国际关系的原生本质的根本体现，因为多边主义是纠正歧视性国际安排的基本形式。

第一，凝聚共识是多边主义的起步阶段，通过广泛接触与对话寻找到各方关心和关注的议题点，并将拟实现的目标阐明，这就是多边主义经过协商一致达成的共识（consensus），也是最困难和可贵的阶段。一旦找到共识，其他观望和心怀疑虑的潜在参与方就可能在求同存异的基础上加入共识。就算分歧和矛盾仍然无法克服，但是有了共识，多边主义才有生效的前提。凝聚共识阶段大体由四个步骤组成：①来自倡议方经验的细致论证；②提出具有一般意义的立场主张；③阐明该主张的广泛适用性；④其他方同意加入该主张，使其成为共识。不难看出，在凝聚共识阶段，多边主义非常依赖于倡议方的知识供应，这种知识和经验的供应很可能与其资源和力量密不可分，但是没有一般性和适用性的主张是无法形成共识的，因此，主权平等原则在凝聚共识阶段发挥的作用最为突出。如果说多边主义与多边外交具有一定的重合度，多边外交容易被误解为多边主义本身，那也主要是发生在凝聚共识阶段，倡议方需要通过充分的细致沟通与相关方取得共识，多边外交官和多边外交平台是这个阶段不可或缺的活跃行为体。

第二，形成规范是指将参与方达成的共识转化成可行路线图的过程，旨在明确多边主义合作中主权平等和政治权责不可分割性原则的具体实现方式，规定可实现的范围和轻重缓急之处。受到不同的问题领域和不同的参与方立场的影响，对同一多边主义共识的再定义都可能存在明显的差异，因此形成适合本国和本地区经验和条件的具体规范是多边主义合作生效的关键阶段。比如，关于国际人权保护的共识，1981 年《非洲人权和民族权宪章》形成的规范就将"民族平等是人的平等"的前提这项属于非洲发展特有的地区经验纳入进来，是多边主义合作生效的必要保障。

第三，执行规则是通过系统性规定指导和约束参与方行为的过程，需要在已有规范的基础上形成落实规范的细则，并对其有阶段性补充和修订，还可能为指导和监督规范的落实而成立相应的职能部门。比如，旨在制止破坏臭氧层的气体排放行为的《蒙特利尔议定书》是应对气候变化领域的诸多议题中成效最为突出的，与其明确奖惩措施的细则规定有必然的因果关系。再比如，《欧洲人权公约》是《世界人权宣言》之后第一个达成的区域性人权条约，而且自 1950 年签署以来就设立了欧洲人权委员会和欧洲人权法院，并陆续补充了十余项议定书。然而需要指出的是，并非所有的多边主义合作都要完整经历三个发展阶段，更不是一定要演进到执行规则阶段。评判多边主义的依据是主权平等、政治权责不可分割、扩散性互惠三项本质内涵的实现程度，而不是合作的具体形式。执行规则既是多边主义合作的终端，也往往是创新和变革的来源，是可能凝聚新共识和衍生出新多边主义的阶段。执行规则阶段将多边主义共识与行为连接在一起，一方面帮助多边主义完成了推动世界政治经济发展的政治过程，另一方面如果在推动发展中遭遇困境和挫折，甚至引发危机，旧有的多边主义安排就不再适用，凝聚新共识就被提上日程。这也是多边主义实践出现以来表现出的规律性发展特征。

信息透明度的高低在不同的问题领域也存在明显的差别，这种差别直接影响在相关问题领域多边主义合作能否形成以及所处发展阶段的合作难易程度。在信息透明度高的问题领域，比如国际标准化领域，合作方乐于提出倡议和达成共识，多边主义合作容易生成，就算相关规范和规则可能有一定准入门槛，但是规则的约束力并不强，退出合作对多边主义本身不会产生严重破坏。信息透明度低的问题领域，比如裁军和军备控制，多边主义合作进程则步履维艰，仅有共识支撑的合作难以有效确保安全，参与方事实上将矛盾和分歧转移到形成规范和执行规则中的权力较量和意志博弈中去了。

是否存在主导国是一个问题领域能否生成多边主义合作的重要条件，主导国不等于大国，而是对某问题领域具有关键影响的国家，可能是薄弱力量所在，比如流行性疾病的发生地、某种气候灾难的频发地；也可能是强势力量所在，比如合法或非法拥有核武器的国家。这些关键国家的观念、主张和行为就是多边主义能否生效以及处于什么发展阶段的核心影响因素。主导国也不一定是霸权国，而是基于自身历史经验而对该问题领域形成了前瞻性的倡议，进而成为多边主义共识的积极推动者和规范供应者。比如，二战即将结束时富兰克林·罗斯福政府对联合国安理会的设计倡议、2013年中国政府提出的"一带一路"合作倡议，都是能够有效促成相关问题领域凝聚共识和产生多边主义合作的创新性理念和主张，这类国家就是多边主义生成阶段的关键主导国。

　　一般而言，合作领域信息透明度越高，多边主义合作越容易形成前瞻性规定，塑造合作方的预期和行为；合作领域信息透明度越低，多边主义合作越容易形成后溯性规定，通过向合作方施压制止其不当行为。主导国明确的问题领域，多边主义合作倾向于约束参与方的行为，突出合作中的权责不可分割性；主导国不明确的问题领域，多边主义合作往往是依赖鼓励行为的规范和规则，实现预期目标的效果就无从保障。如果将这两个条件同时纳入考量范围的话（详见图 2），相关代表性问题领域正面临多边主义合作三个发展阶段的哪些突出难题就呈现得一目了然，为应对全球治理体系变革而重启新冠疫情引发的世界政治经济分裂危机后的多边主义合作需要的努力方向也能更为清晰。比如，多边贸易领域需要凝聚新的共识，适应不同发展地区和发展水平国家对贸易自由的差异化需求。国际标准化领域需要更新规范和更新方向来适应新的技术发展整体水平。公共卫生领域为有效维护共识面临规范与规则的又一轮更新。气候变化领域的合作关键取决于对执行规则过程的监管。

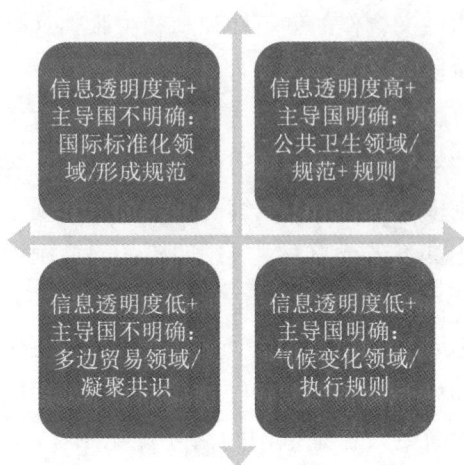

图 2　多边主义合作发展阶段的影响条件、典型领域及其突出难题
资料来源：笔者自制。

三、多边主义的效用评估

多边主义的生效要经历凝聚共识、形成规范、执行规则这些不同的发展阶段，并不是一劳永逸的结果，所有议题领域的多边主义生成也不一定都会完整经历三个发展阶段。事实上，真正能将共识转化成规范和规则的多边主义合作毕竟是少数。因此，多边主义是符合国际关系本质的基本国际交往形式，即努力从差异和矛盾中寻求协商一致与合作的可能，而不是从根本上消除矛盾和分歧。

（一）工具、论坛、自主行为体

就已经生效的多边主义而言，成效主要表现为三个方面：一是扩散性互惠带来的实际利益可能在一定时期内使多边主义成为某些参与方实现诉求的工具和手段；二是不同参与方可以通过多边主义平台表达意愿、诉求和不满；三是多边主义事实上在具体规范和规则的运行中不断追求着自主性，由此可能衍生出对基础性共识的发展、突破甚至背离。

第一，多边主义的工具性。多边主义是在各方经协商一致、达成共识后才能生效的，这种一致不是完全和绝对的统一，而是必然包含着某些参与方的妥协和让步。基于主权平等原则和扩散性互惠原则的保障，多边主义生效后虽然在一定时期内会使某些参与方获益更多，但是不会始终只偏向于一些参与方，让其受益而让其他参与方受损，否则就违背了多边主义的核心内涵。能够发挥工具作用说明多边主义确实影响到了实际的国际关系互动，生成了实际的交往结果，这对于多边主义能够生效的问题领域和发展阶段而言，其实是少数情况和稀缺领域。之所以被视为某些参与方的工具和手段，与多边主义实现中的政治权责不可分割原则有很大关系，资金和资源供应贡献大的参与方会尽可能确保自身的收益回报率，否则就会对多边主义合作本身提出质疑。因此，多边主义的任何发展阶段都离不开协商一致，多边主义本质上是一个政治过程。

第二，多边主义的论坛性。多边主义面向任何参与方开放，需要把意识形态、发展水平、历史文化、地理环境等属性和条件千差万别的参与方吸引到一起，然后才可能通过对话和沟通找到共识。仅有共识的多边主义成效甚微，能否将共识转化为具体、可接受的规范和可执行的规则，最终决定着多边主义能否对国际关系互动产生实质性影响。因此，在多边主义生效的任何阶段都清楚可见的基础性作用其实是参与方表达意愿和诉求的论坛，这种表达在多边主义平台之外可能有机会、也可能没有机会表达。即使是同一参与方表达同一种观点和主张，多边主义平台与其他非多边主义平台对参与方表达内容和方式的塑造也往往截然不同。只有在反复的表达过程中接受和对比信息、修正和转述信息，可供各方参考和接受的共识才能产生。所以，即使不能直接产生国际关系互动的行为结果，论坛性也是多边主义最为重要的基础性作用，激烈争论不是对多边主义的背离，拒绝对话才是对多边主义的损坏。

第三，多边主义的自主性。所谓自主性，是多边主义成果独立于任何参与方单独或者少数意志的独立性，换言之，多边主义能够有效确保主权平等，是真正实现普遍性的国际交往形式。多边主义只能在参与方多数意志的驱动下运行，任何试图操纵和控制多边主义的观念和行为都不会奏效。因此，多边主义并非参与方意志的简单相加，而是始终存在于对自主性的追求和实现过程中，这也是多边主义作为一种"政治过程"的涵义所在。自主性的实现方式和实现程度受多边主义的发展阶段影响，凝聚共识阶段的实现程度最低，随着多边主义发展到将共识转化成可操作的规范以及可执行的规则阶段，多边主义在一定资金、资源和人员的支持下实现自主性的条件就获得了满足。需要注意的是，自主性不是要违背参与方的共识和目标，而是旨在更充分地实现多边主义的目标。追求自主性离不开具体资金、资源和人员的支持，所以可能遭到多边主义参与方的抵制、反对和破坏，也可能是来自参与方的批评与纠正，这也是在参与方与多边主义之间始终存在的张力，是确保多边主义顺利运行的保障。当然，并非所有的多边主义合作都能实现自主性，自主性的实现与合作的议题领域和现实条件密切相关。自主性实现程度高的多边主义合作，往往形成为实现参与方共识和目标的认知共同体，他们独立于参与方的具体利益而存在，是多边主义合作改革与创新的动力，反过来也进一步维护了主权平等原则的实现。

（二）输入与输出功能存在显著差别

一方面，多边主义生效后实际扮演工具、论坛，抑或是自主行为体的角色，其实参与方和设计者是不能预先设定的，多边主义具体发挥的作用和表现出的形式取决于议题领域和参与方的历史与现实条件。另一方面，参与者的确是通过设计多边主义的合作方式来实现共同目标和诉求的，这种设计要围绕汇聚参与各方的意愿凝聚共识和制定恰当的规范与规则并确保其顺利在两个层面展开。换言之，多边主义在输入和输出两个方面都产生作用，但是输入功能是将参与各方的差异性汇聚起来，输出功能是将协商一致后达成的共识转化成能够影响参与方实际行为的结果。前者是从差异性中寻找一致性，主要遵循的是主权平等原则，因此容易得到参与方的支持。后者是用一致性去干预差异性，主要遵循的是政治权责不可分割与扩散性互惠原则，与参与方的矛盾就会突出表现出来。

多边主义的输入功能一般通过：①收集参与方表达的意愿；②招募和组织必要的人员；③宣传和塑造共识的意义这三种途径来实现。首先，多边主义的第一阶段是凝聚共识，共识的产生离不开各方观点和意愿的充分表达，因此推动和维护多边主义都要始终确保对相关参与方或者潜在参与方的信息有准确和及时的了解。多边主义框架下各类行为主体的表达方式和内容往往不同于其他互动平台，相应的在收集信息功能的实现方面，多边主义具有不可替代的重要性。其次，多边主义的实现可能会发展到产生专门机构的阶段，也可能仅仅停留在凝聚共识阶段，但是无论哪种实现方式和结果，必要的人员来做具体的工作都是必不可少的。通过招募和组织管理多边主义运行所需的工作人员，直接或间接地动员相关的人力和物力资源，这本身就是多边主义起作用的表现。作为历史产物的多边主义就是在国际关系互动和世界市场连为一体的过程中成为当今世界发展中不可分割的组成部分的。最后，能够聚集在一起的观念共识和人员资源只是整体中的一个很小部分，多边主义的存在事实上放大了这个局部共识的意义，并且通过持续的行为将这种意义传播出去，最终可能成为更大范围的共识，甚至具有普遍意义。比如，联合国的宗旨是维护世界和平，这与两次世界大战的历史背景直接相关，可以说是联合国的固有意义。但是促进发展与繁荣这个共识却是联合国在二战后长达半个世纪的时间里才塑造成为国际社会的共同认知的，这种塑造经过了一个渐次的过程：和平的实现离不开发展，发展又不等于照搬西方工业化道路的增长，发展必须是可持续的。

多边主义的输出功能一般通过：①提出和论证符合共识目标的规范；②制定具体可执行的规则；③指导和监督规则的实现；④必要的干预和仲裁这四种途径来实现。首先，在共识形成后，多边主义还要继续通过协商一致，将抽象的共识转化成具体的规范，也就是在特定时期和特定范围内能够实现的部分共识目标。这些部分目标与整体共识之间的内在联系，以及为什么要优先实现这部分目标的合理合法性都需要得到多边主义框架的论证与支持，所以也是多边主义合作能够产生国际关系行为结果的关键环节。规范的产生往往反映出多边主义内涵中的政治权责不可分割原则，参与方承诺的资源、资金以及与所在问题领域的利益攸关度等因素都可能产生重要影响。其次，在参与方可接受的规范基础上，多边主义框架也能制定出可供各方参照执行的规则。规则虽然以多边主义的名义产生，但是也只能在一般意义上规定多边主义目标和规范的实现方式。参与方都是在结合自身内部条件和现实诉求的前提下执行相关规则，具体执行的方式可能相互之间差异明显。于是，对参与方的执行规则方案或行为予以指导和监督就成为多边主义又一项必不可少的输出性功能。发展到形成规范和执行规则阶段的多边主义越来越表现为具体的机制、组织或者机构的存在形式，指导和监督功能的实现也要通过具体的职能部门和人员来完成，因此也就不难理解在这一环节中出现的参与方之间的矛盾和分歧，甚至造成的多边主义合作进程被阻滞的情况。最后，在有些多边主义合作中设计了必要的干预和仲裁功能实现方式。20 世纪初在世界市场连为一体的发展起点上生成了国际法院系统，这就是多边主义可能产生仲裁功能的最好证明。

上述功能产生于多边主义发展的不同阶段，也并非任何多边主义合作都需要完整实现全部功能。汇聚各方的差异性输入多边主义框架与由多边主义框架输出具体规范和可执行的规则这两大类功能之间存在明显的差别，有助于我们理解和评判多边主义的实际效用，认识多边主义与参与各方的国际关系行为之间并非一一对应的现实。

（三）多边主义是历次危机后重启国际合作的基础

世界秩序在 19 世纪表现出欧洲主导的特征，而在 20 世纪以后就逐渐成为美国确立和运行主导权的产物。20 世纪以来，世界政治经济发展中出现的历次危机都是在多边主义框架下得以解决的。危机的出现意味着现有的秩序规则不能反映新的力量对比和国家间关系，多边主义恰恰是国家间协商一致、弥合分歧的最有效方式。事实上，危机→旧多边主义共识被破坏→

新多边主义共识产生→新世界秩序出现是国际关系发展的规律性现象。所谓规律性现象，就是说并非新鲜事物，也不是某一时期的特定产物。如果说世界政治经济危机有特定性，那就是危机出现即表明旧的发展矛盾积累达到了新的深度，造成的国家间利益分歧和矛盾也积累到新的程度，旧的世界秩序规则不能调和矛盾说明旧的多边主义共识失去效用，自然也就需要重新通过对话、谈判和协商一致形成新的共识和世界秩序规则。因此，多边主义并非国际合作的终点，而是不间断促成国际合作的起点，危机出现表明旧有的多边主义共识和规范、规则失灵，失灵的规则可以被放弃和修改，相应的规范也可以被纠正、补充和更新，但是多边主义本身不能被否定和抛弃。

发生世界政治经济危机意味着对旧有多边主义共识和规则的破坏，克服危机就需要跳出现状寻找答案。寻找的方向大体有三个：一是向后寻找，回顾历史；二是向内寻找，诉诸理性；三是向前寻找，相信社会进化的力量。20 世纪以来世界政治经济发展进程中的危机基本反映了这三种重建共识和世界秩序的途径，也对我们认识当今世界面临的百年未有之大变局具有启发意义。19 世纪末 20 世纪初，工业化的发展将世界市场连为一体，国家间的利益融合和矛盾竞争程度之深也进入前所未有的历史时期，发生周期性世界政治经济危机在所难免。回顾这些危机可以发现三点突出特征：经济危机与政治危机并行、危机间隔时间递减、危机后世界秩序和规则的重建被逐步嵌入了美国霸权，进而也清楚反映了基于多边主义寻求共识与世界秩序重建之间的内在联系。

表 1：20 世纪以来的世界危机与秩序重建

爆发的时间	危机的特征	重建的结果
1929～1933 年	经济危机引发政治危机，凡尔赛—华盛顿体系规则被破坏	布雷顿森林体系
1970 年代	政治危机，战后国际格局被迫调整	联合国框架下的多极化
1991 年冷战结束	两极格局消失，权力结构弱化	世界贸易组织框架下的自由贸易
2001 年 "9·11" 事件	恐怖主义、全球问题凸显	亚太经合组织框架下的大国合作
2008 年金融危机	西方工业强国主导的国际制度失灵	二十国集团为代表的新型多边主义

资料来源：笔者自制。

第一，经济危机与政治危机并行。20 世纪初工业化发展造成的垄断和帝国主义扩张引发了人类历史上第一次世界大战，战后重建的繁荣泡沫紧接着导致了世界市场连为一体后的第一次全球性经济危机（1929～1933 年）。此次危机不仅以其持续时间长、破坏程度深标定了新的历史起点，更严重的后果是迫使在工业化道路上存在致命缺陷的法西斯国家选择以摧毁国际体系规则的方式摆脱危机，进而带来了第二次世界大战这样的政治灾难。没有批准生效《巴黎和会条约》的美国原本并不在凡尔赛体系的约束之下，但是美国凭借在一战后欧洲经济复兴中发挥的关键作用事实上主导了 20 世纪 20 年代以后的世界经济秩序。在艰难应对经济危机的过程中，古典自由主义将国家政府的"守夜人"角色定义作为旧的共识被破坏后，以罗斯福新政和凯恩斯主义为代表的新共识重新塑造了国际社会的秩序规则，宏观经济政策的制定和实施效果成为判断国家政府执政能力的重要标准，基于这种新共识重建的世界秩序规则到"布雷顿森林体系"完整呈现后才确定下来。布雷顿森林体系的核心内涵就是，工业化强国在享有市场化带来的经济红利的同时必须承担稳定世界经济秩序的责任，这也是 20 世纪经历两次世界大战后才得以形成的多边主义共识和完成的世界秩序重建。

然而，布雷顿森林体系带来的稳定并不是一劳永逸的，二战后的经济复苏很快成就了西欧和日本的崛起，西方工业强国俱乐部的话语霸权受到内外双重冲击，一方面是内部权力结构被迫重新调整，另一方面也不得不接受作为单一能源集团的石油输出国组织（Organization of the Petroleum Exporting Countries，OPEC）以价格战方式提出的谈判条件，世界秩序的主导权也因此深刻打上了多边主义的烙印，由战后初期美国经营的单极化逐渐转向联合国框架下的多极化，后者成为 20 世纪 70 年代以后的多边主义共识和基本规则，这又是新一轮政治经济危机引发共识更新和秩序重建的结果。

第二，20 世纪以来历次危机过后的世界秩序重建过程不仅与美国的世界政治经济霸主地位确立过程密不可分，而且是美国在重建多边主义共识和规范、规则的过程中维护多边主义的结果。19 世纪欧洲主导的国际关系之所以能顺利推进工业化的发展并将世界市场连为一体，根本原因即多边主义的出现和运行。无论是维也纳体系中主权原则与王权原则的妥协，还是俾斯麦体系中欧洲大陆的国家间和解，都是在多边主义的基础上实现的，是协商后达成的一致与共识，而不是任何一个霸主国单独供应的产品。在这个意义上，20 世纪的国际关系和世界秩序与 19 世纪没有本质的差别。多边主义是国际关系的原生特征，只不过进入 20 世纪后，美国在推动新的共识出现和规则达成中从未缺席，新秩序和新规则中都被逐步嵌入了美国霸权。我们认为，这一特征并非佐证现实主义是唯一答案的理由，反而验证的是多边主义才是国际关系的共有知识（common knowledge），美国理论中的所谓三大主义都只是二战后一个历史阶段的地区知识，执政四年的特朗普政府破坏的正是美国知识作为共有知识的基础，因为恰恰是多边主义赋予了其作为共有知识的合法性。[1]

　　多边主义在 20 世纪发展出的内涵、外延和运行特征都与美国的地区知识和经验密不可分。1929～1933 年的世界经济危机发源于美国。作为 19 世纪工业化进程后期的新兴强国，美国成功克服此次危机的经验还具有特殊的历史意义，就是更新了古典自由主义关于国家"守夜人"角色的共识。在这样的 20 世纪历史起点上崛起的美国希望以其在 20 年代以来管控国内经济的方式管控世界[2]，这几乎是当时唯一的多边主义共

〔1〕　国际关系理论研究中的现实主义长盛不衰不仅仅是因为理论创新乏力，也与历史视野的局限有根本联系。为了突破局限，中国学者一直有持续性努力和成果。无论是"关系理论"的他山之石还是对现实主义本身的约束性定位，抑或是从历史中直接汲取思想的做法，都是中国学者理论研究繁荣的标志。参见秦亚青：《世界政治的关系理论》，上海人民出版社 2021 年版。宋伟：《位置现实主义：一种外交政策理论》，上海人民出版社 2021 年版。杨光斌："历史政治学视野下的现实主义国际政治理论研究"，载《教学与研究》2020 年第 7 期。石斌："国际关系思想史研究的重要实践意义"，载《史学月刊》2021 年第 1 期。冯绍雷："旧世界已老去，新世界尚在建构中"，载《文汇报》2021 年 1 月 22 日。

〔2〕　See Anne-Marie Burley（now Slaughter），"Regulating the World：Multilateralism，International Law，and the Projection of the New Deal Regulatory State"，in John Gerard Ruggie，*Multilateralism Matters：The Theory and Praxis of an Institutional Form*，Columbia University Press，1993，p. 126.

识来源，20 世纪上半叶的两场大规模世界战争也促成了国际社会对这种唯一多边主义共识的高度认可。布雷顿森林体系的出现事实上是以美国为首的少数工业大国积极担负稳定世界市场责任最强有力的承诺，美国霸主地位的获得也是这种承诺的自然产物，甚至不能直接据此判断具体合作领域的成本—收益的大小。二战后的经济繁荣一方面赋予了美国霸权以实质内涵，另一方面也在塑造国际社会关于战后世界秩序的共识。美国主张的所谓自由国际秩序与当代世界秩序发生重合正是在二战后分阶段实现的。这里需要强调的是，20 世纪 70 年代以后逐渐确立起"霸权之后"对美国主导权的信心，本质上是源于霸主国对多边主义的承诺。作为国际制度形式的多边主义实施之难并不在约束国家的行为，而是在塑造国家的共识，其他国家只有在相信霸主国会承担更多责任的前提下才会选择加入国际制度以及履行"遵约"的义务。

1991 年冷战的结束在一定意义上可以被视为美国霸权地位和当代世界秩序高度重叠的标志。美国不仅重新团结了西方，而且借助中国和第三世界的力量，有效应对了苏联解体后的结构失衡，成功缔造了美国主导的"单极秩序"。虽然此后也遭遇了恐怖主义等非传统安全威胁引发本土安全危机的强烈冲击，但是美国政府应对危机的方式始终没有脱离多边主义，亚太经合组织（Asia-Pacific Economic Cooperation，APEC）框架下的大国合作事实上巩固了美国在等级化世界秩序中的优先权。从小布什到奥巴马时期，美国在频繁经历多领域的前所未有危机冲击后依然能维持霸主地位的不变原则——多边贸易和稳定的大国战略关系——归根结底都是在维持多边主义框架下实现的，只不过美国的知识精英关于运行多边主义原则的具体国际制度是否仍然有效这个根本问题上发生了日益深刻的观点分歧。[1]事实上早在小布什政府将单边中的多边灵活运用之前，美国国内精英的单边主义和多边主义分裂就在理论和实践层面存在，并且鲜有拒绝多边主义者，但是对多边主义的主张显然是存在自由/保守/温和的阵营差别的。2011年在世界政治经济力量对比出现重大转变之初，自由国际主义者对美国的世界秩序领导地位抱有坚定信心也是来自于奥巴马政府仍然奉行的多边主义，美国相信可以通过重建高门槛的自由市场规则保持西方工业强国的优势。直到2017年特朗普执政后以毁约和修约为常规决策形式破坏多边主义的承诺后，美国国内知识界对领导自由世界的幻想才随即破灭。[2]然而，此起彼伏的唱衰之声其实是针对日益恶化的危机发出的警告，并没有在更新多边主义共识问题上做出有意义的努力，重建秩序的希望还是被寄托在夯实美国主导的规则体系而不是恢复力量优势之上。[3]

　　第三，二战后的世界政治经济互动并没有因为新的多边主义共识生成而趋于稳定，反而是在日益加深的相互依赖中更加频繁地陷入"世界危机—秩序重建"的循环，危机出现的时间间隔逐渐缩短，20世纪90年代以来就基本维持着每十年一

〔1〕See Ole R. Holsti, James N. Rosenau, "Internationalism: Inact or in Trouble?", in Eugene R. Wittkopf, Christopher Jones, *The Future of American Foreign Policy*, 3rd edition, Bedford/St. Martin's, 1999, pp. 134-137.

〔2〕参见［加］阿米塔·阿查亚：《美国世界秩序的终结》，袁正清、肖莹莹译，上海人民出版社2017年版。［美］约翰·米尔斯海默：《大幻想：自由主义之梦与国际现实》，李泽译，上海人民出版社2019年版。

〔3〕See G. John Ikenberry, "The Next Liberal order: The Age of Contagion Demands More Internationalism, Not Less", *Foreign Affairs*, Vol. 99, No. 4, 2020, pp. 133-142. ［美］理查德·哈斯：《失序时代：全球旧秩序的崩溃与新秩序的重塑》，黄锦桂译，中信出版社2017年版，第157~179页。

个周期的特征。1991 年苏联解体标志着冷战的结束，同时也意味着长期维系在两极格局下的国家间关系出现了权力结构弱化的危机，失去外部压力和束缚的国家会如何实现利益最大化事实上成为冷战后世界秩序面临的空前挑战。西方工业集团以扩展自由市场秩序为基础顺利化解此次危机的结果就是将布雷顿森林体系中延续下来但是始终发展滞后的关税与贸易总协定（General Agreement on Tariffs and Trade，GATT）推进到世界贸易组织（World Trade Organization，WTO）的制度化形态，主张 WTO 框架下的自由贸易也成为冷战后西方工业强国得以巩固其力量优势的重要共识。直到 2001 年"9·11"恐怖袭击发生，维持世界秩序稳定的共识基础才再次被打破，非传统安全威胁首次超越传统安全威胁成为世界政治经济发展中的重大危机，比核武器和世界大战的爆发具有更大的不确定性，挑战了国际社会业已形成的多边主义共识。"9·11"危机后美国的应对之策可以说是践行多边主义的典范，小布什政府最大范围地联系了能够在反对恐怖主义的共识基础上展开合作的国家，俄罗斯和中国也被纳入新的多边主义框架。亚太经合组织（APEC）为此完成了规范与规则的变更，领导人非正式会议协调下的大国合作成为 21 世纪第一个十年里最有效的多边主义成果。

当然，"世界危机—秩序重建"周期性循环的时间递减规律并没有改变。2008 年金融危机对世界秩序的破坏被认为与1929~1933 年的世界经济危机意义相同，西方工业强国的所谓自由市场经济经验失灵后，美国霸权的少边主义俱乐部开始不情愿地倾听来自新兴工业国家的声音，并在此基础上凝聚了新的共识——以二十国集团（G20）机制为代表的新型多边主义

合作进入艰难探索阶段。只不过，这种新型多边主义的共识还
没有转化成有效的合作规范和规则，2016 年后以特朗普当选
美国总统为标志的民粹现实主义危机[1]就以体系内霸主国强
势破坏多边主义规则的形式打破了国际关系领域长期存在的很
多基础性共识。从退出联合国下属多边机构到放弃对《巴黎
协定》的承诺，特朗普政府在四年的时间里几乎全盘否定了
美国在二战后主导建立的世界秩序规则。能否重建共识和摆脱
危机，以及共识的重建又在多大程度上倚重多边主义，事实上
也是 2021 年初新执政的民主党拜登政府最受关注的外交政策
之一。拜登上任第一天颁布的 17 项行政命令中有两项是直接
针对多边主义的，包括"终止退出世界卫生组织"和"重新
加入巴黎气候协议"，充分说明终结当前危机和重建世界秩序
不能以脱离多边主义的基础为代价。本书研究的目标不是评判
拜登政策的"去特朗普化"或者"回到过去"[2]，但是就其
为"重建更美好未来世界"计划所做的一系列宣传和造势而
言，拜登政府明确承认多边主义是摆脱危机的出路而不是导致
危机的原因，这是二战后国际关系发展的历史事实，也是新冠
疫情引发前所未有的世界政治经济分裂危机后新的世界秩序可
能重建的历史起点。

　　2021 年既是 21 世纪第三个十年的开端，也是新一轮政治
经济危机后世界秩序重建的起点。但是这次重建与上一个历史
阶段有根本的不同，在特朗普政府几乎全面破坏了战后美国霸

〔1〕 参见秦亚青："新冠肺炎疫情与全球安全文化的退化"，载《国际安全
研究》2021 第 1 期。
　〔2〕 参见达巍、周武华："回到未来：2020 年美国大选与中美关系的机遇"，
载《美国研究》2020 年第 6 期。

主地位的国际制度支撑之后，国际社会对世界秩序的内涵予以了更充分的反思，新的共识可能在全球或者地区层面形成，共识达成的结果可以是设计完整的多边制度，也可以是关于某些议题领域的基本原则。二者均是多边主义框架下实现的新共识和新秩序的基础，都只能在充分协商后出现而不是简单恢复旧有的国际制度规则或者继续由霸主国单方供应。进入 2022 年，新冠疫情虽未结束，但在新的历史起点上重启多边主义的共识已经逐渐凝聚，向好的发展前景离不开多重力量在多个方向上的努力。

第二章

多边主义的起源与历史

　　多边主义术语具有典型的西方语言特征，是从现代民族国家具有了独立的主权身份意识后进行的互动和交往中产生的系统观念和行为，是经过欧洲中心主义的国际关系历史培育和检验的国际交往方式，符合主权国家间互动的原生本质。但是多边主义术语并非自有国际关系交往以来就生成了，也没有在国家间交往中被始终坚持。任何国际关系行为体在实现意图和目标时都有单边、双边，或者是多边的不同选择。多边主义能否生效取决于国际环境、行为主体等诸多条件。多边主义之所以能够在二战后成为国际交往的基本形式，与它是主权平等原则得以维持和完善的必然产物密不可分。

一、多边主义是主权国家间交往的经验成果

　　现代民族国家国际关系意义上的互动一般被认为始于1618~1648 年欧洲三十年战争后缔结的《威斯特伐利亚条约》。三十年战争因德意志民族内部的宗教信仰之争而起，反映的却是民族国家经济与社会发展的矛盾分歧。欧洲历史上经过神权主导和王权主导的时代，曾经被土地生产方式所困而寻求突破，在经过 15 世纪地理大发现和重商主义的成功探索后

逐渐萌芽出民族国家意识。自从神圣罗马帝国皇帝在《威斯特伐利亚条约》中公开承诺了民族国家主权平等原则后，现代民族国家的国际关系交往归根结底都是围绕着主权平等地位的实现而进行的，只不过经由欧洲强国互动经验确立的早期基本规则事实上并非主权平等，而是基于大国权力平衡的"均势"规则。比如，英格兰和法兰西都将远离欧洲大陆中心的地理条件由土地生产方式时期的劣势转化成为工业生产方式时代的优势，选择发展海洋势力范围，走贸易强国之路。1652年开始的英荷战争就标志着民族国家利益的实现不是"天然"平等的主权赋予的，而需要在争夺和运用实力的过程中完成。同样选择了海洋贸易作为发展目标的英、法两国先后通过七次的战争，从地理大发现时期的海上强国荷兰、西班牙手中夺取了贸易航线，与此同时英法之间的竞争和矛盾也日益激化。英国联合欧洲大陆上的多国组建遏制法兰西的"反法同盟"就成为欧洲中心主义时代的规律性大国对抗，也是英国对欧洲大陆始终坚持离岸平衡战略（offshore balancing）的经验起点。委身于欧洲大陆边缘的法兰西则始终以获取欧洲大陆霸主地位为目标，路易十四在成功将西班牙王位划归波旁王朝名下后与其他欧洲强国缔结了1713年《乌得勒支条约》，进入民族国家时代的欧洲大国能够接受的权力平衡原则也在该条约中获得了合法性。

权力平衡或者说均势原则在欧洲中心主义的威斯特伐利亚时期维持了100多年的国家间互动，1721年俄罗斯通过北方大战的胜利取代瑞典成为波罗的海霸主，1748年奥地利王位继承战维持了奥地利哈布斯堡家族在神圣罗马帝国的中心地位，都是遵循了以军事实力为支撑的权力平衡原则。1756～

1763 年最终确立欧洲五强格局的"七年战争"更是一场毋庸置疑的均势战争，欧洲少数大国维持的多极平衡格局此后经过近 200 年的国际体系变迁才彻底改变。

均势原则反映了主权平等实现过程中必不可少的国家实力因素此消彼长的重要国际关系意义，谋求实力增长也是民族国家的核心利益与立足之本。对主权平等地位的追求把民族国家从土地生产方式转向工业化生产方式后，国家间交往的频率和复杂程度都倍速增加，仅靠均势原则显然不能调节国家间的矛盾与冲突。七年战争确立的均势格局很快就被民族意识觉醒的美利坚人民和不满王权时代的法兰西人民以资产阶级革命的形式挑战和摧毁。法国大革命主张的民族利益至上原则极大冲击了 19 世纪初封建王权执政者安排的现状，大革命给拿破仑·波拿巴提供的机会又再次实现了法兰西的欧陆霸主目标，拿破仑在打败第五次反法同盟后还成功构建了针对英国纺织业优势的大陆封锁体系，不仅有效回击了英格兰的离岸平衡战略，也使欧洲大国充分认识到多极格局平衡的高昂成本和严重不确定性。在 1815 年维也纳会议上，通过协商一致和主动沟通来避免不确定性、降低冲突风险成为新的国际关系共识，作为国家间交往方式的多边主义由此萌芽。

二、19 世纪的多边主义：主权原则的完善与互联互通共识

19 世纪初，欧洲大国联合遏制了在法国大革命背景下强势崛起的拿破仑帝国后，通过 1814～1815 年的维也纳会议重新安排了欧洲的政治版图，并且明确了"欧洲协调"作为此后大国交往的基本规则，主要通过"会议外交"的方式实现。虽然 19 世纪的国际关系仍然处于欧洲中心主义时期，尚未形

成真正意义上的全球国际体系，但是欧洲协调机制的出现加速了工业化发展和世界市场连为一体的进程，经济和社会领域的"互联互通"与政治和安全领域的"和平""和解"是这一阶段最可能达成国家间合作的共识基础。和平与和解在对抗拿破仑的七次反法同盟中得到了比较充分的巩固，《维也纳条约》的安排又压倒性地约束了法兰西东山再起的条件，欧洲大国之间的权力平衡短期内不易被打破，大国之间在维护王权执政者的既得利益问题上保持了高度一致，至于工业化发展的需求及其可能带来的竞争也尚未构成大国间的矛盾。正是这样的国际环境给 19 世纪初民族国家主权平等原则的实现提供了方式创新的动力与机会，通过协商一致、凝聚共识，寻找适合本民族国家条件的增强实力模式并为此建立规范和规则，就成为在以保持竞争和对抗优势为主要目标的均势原则之外可能出现的新型国际交往方式。

"欧洲协调"和"会议外交"本身反映的还是少数大国对国际体系安排的共识，除此以外，为推动"互联互通"和工业化发展而形成的新共识与合作规范、规则反映了多边主义作为国家利益实现方式和主权平等原则的新需求具有了越来越充分的合法性。比如，1815 年作为维也纳会议成果之一的莱茵河航行中央委员会（Central Commission for the Navigation of The Rhine）创立，标志着国际组织开始成为继民族国家之后的又一种国际关系行为体，主权平等原则在国际法意义上得到进一步强化，主权利益的实现在国家实力与国际规范的双重背书下得到进一步保障，这也是多边主义的核心内涵之一和历史进步的体现。莱茵河航行中央委员会是基于 1814 年 5 月 30 日《巴黎条约》中"欧洲主要国际河流航行自由原则"的确立而创建的，这也是维也纳体系时期萌芽的重要国际共识之一，是有效避免国家间冲突和维护欧洲和平的国际规范，与此同时也开启了欧洲国家间市场互联互通和转向工业化发展道路的进程。

维也纳会议之后的另一个重要多边主义萌芽地是普鲁士。从1815年普鲁士率先在其境内消除关税壁垒到1834年北德意志关税同盟（Zollverein，1834~1871年）的出现，普鲁士不仅奠定了统一德意志民族国家的政治经济基础，而且也成为19世纪上半叶有效凝聚国际合作新共识和推动国际规范传播的关键大国。1863年瑞士银行家亨利·杜南特倡导的"救护伤兵"（Aid the Military Wounded）规范能够成为国际共识并且创建国际红十字会，与得到普鲁士国王威廉一世的支持密不可分，具体表现就是《日内瓦公约》在1866年的普奥战争和1870年的普法战争中获得了普鲁士单方和普奥双方的先后适用。维也纳体系中的普鲁士是位列欧洲五强之末位的王权国家，因此威廉一世的决策是权力政治和身份政治都不能解释的，此时的普鲁士既没有改变权力平衡的实力基础，也没有维也纳体系的中心威望，反而是多边主义的本质内涵——主权平等、政治权责不可分割、扩散的互惠性——能够完全说明普鲁士为什么认同和践行了这一人道主义国际规范。"救护伤兵"不仅符合战争各方的利益，而且是19世纪中期主权原则和人权思想进一步成熟的体现，对于普鲁士代表的民族国家发展方向具有极强的背书作用，甚至比同一时期英国主导的由重商主义向自由贸易主义转变的前瞻性价值都要突出。美国学者玛莎·芬尼莫尔在《国际社会中的国家利益》一书中也谈及国际红十字会的案例，并将其表述成国际体系通过"教授"规范影响和塑造国家行为的过程，[1]避而不谈普鲁士"学习"规范的主动性和内驱力。这其实不仅是芬尼莫尔理论的缺憾，也与二战后美国学者的研究基本是将多边主义等同于全球治理的"美国方式"有必然关系。[2]本书在分析多边主义的理论研究发展史时做了详细阐释，此处不再赘述。

莱茵河航行中央委员会既是最古老的国际组织，也是最具生命力的国际组织之一，能够历经两百年的国际格局和体系变迁而存续下来的根本原因，在于它有效维护了多边主义核心原则。原则一是始终坚持主权平等，1871年作为创始成员国的法国为抵制普法战争后的《法兰克福条约》而退出委员会，仅有德、荷两国的状态维持到1919年凡尔赛条约签订才得以改变。原则二是合作各方政治权责的不可分割性。该组织的两大核心规范在百余年间并未因世界政治经济的形势变迁而发生大的调整或改变：一是维护莱茵河及欧洲内陆的航行安全，二是确保航运及其环境的高标准（a high standard for navigation and its environment）。这说明成员间合作的多边主义共识基础是很稳定的。当然，莱茵河航行中央委员会的超长生命周期是特例，而非一般现象。多边主义合作不是追求一劳永逸的结果，更多情况下是指成员间寻找合作共识和落实合作规则的艰难过程，即使能以成立国际组织的形式落实合作，组织目标的实现也需要合作各方一个接一个的新共识来延续，国际组织本身的新生和衰亡都是正常现象，比如根据《国际组织年鉴》

---

〔1〕 参见［美］玛莎·芬尼莫尔：《国际社会中的国家利益》，袁正清译，上海人民出版社2012年版，第66~84页。

〔2〕 参见［加］阿米塔·阿查亚、［英］巴里·布赞：《全球国际关系学的构建：百年国际关系学的起源和演进》，刘德斌等译，上海人民出版社2021年版，第163页。

的统计，在 1981 年出现的国际组织中，到 1992 年就只有 2/3 还在继续活动，虽然新建的国际组织比被取消的要多一点，但二者的数量都在 100 个以内，说明国际组织的死亡率还是非常高的，不是可以被忽略的因素。[1]

到了 19 世纪中期以后，普鲁士（德意志）推动的工业化发展与英法在欧洲以外的市场扩张对互联互通和标准化生产的诉求逐渐成为多边主义合作的有效共识，专业性国际组织应运而生，比如，1865 年国际电信联盟（International Telecommunication Union）和 1874 年万国邮政联盟（Universal Postal Union）的成立就意味着多边主义在达成共识和形成规范方面的里程碑式突破。如果说在多边主义的三个核心原则中，主权平等与政治权责的不可分割性和二者之间的矛盾在政治安全领域往往很难在一套规范中得以调和，那么在市场化和标准化领域就相对容易许多，比如地球的测量、标准时间、工业知识产权与版权的保护、国际航运、铁路、道路的链接等。因为合作的信息透明度高、扩散的互惠性原则符合成员国预期，这些都是这一时期多边主义活跃并产生作用的领域。在此基础上，19 世纪中后期欧洲、美洲大陆市场的形成继而也就为世界市场最终连为一体做好了准备，"自由贸易主义"开始成为新的共识基础和工业化先行者大国们推动的国际规范，商品、劳动力、资本的自由流动都将需要在多边主义框架下实现。

同时需要强调的是，多边主义并非仅仅促进合作，鼓励行为或者禁止行为都是多边主义可能致力于实现的目标。19 世

---

[1] 参见谢里尔·尚克斯、哈罗德·K. 雅各布森、杰弗里·H. 卡普兰："国际政府间组织格局的惯性与变革，1981~1992"，载［美］莉莎·马丁、贝思·西蒙斯编：《国际制度》，黄仁伟等译，上海人民出版社 2006 年版，第 146 页。

纪伴随主权平等原则和保护人权思想日益成为多边主义有效共识和生成国际规范的基础，国际仲裁和国际法体系的建立也是多边主义发挥作用的重要体现。以同样来源于1815年维也纳会议的"禁止黑人奴隶贸易"规范为起点，和平主义、性别平等、工人权利先后成为民族国家国内和跨国运动中凝聚共识的主题。1889年6月由英法两国议员发起成立的"促进国际仲裁的各国议会联盟"（1922年更名为"各国议会联盟"），来自三大洲9个国家的96名议员在巴黎出席了第一次理事会，它标志着多边主义的实践在19世纪末期已经突破欧洲中心主义的局限，发展成为真正意义上的国际交往基本形式，反映了在以互联互通和世界市场连为一体的共识基础上，多边主义在汇聚共识的同时也要在调和矛盾与冲突方面发挥作用。一旦矛盾无法调和，甚至引发战争和危机，并不意味着多边主义本身的失败，相反，危机后的秩序重建仍然离不开多边主义。作为以各国立法机关和议员个人力量来推动国家维护民主制度和促进国际和平与合作的普遍性国际组织，各国议会联盟也是多边主义实践进入下一阶段即20世纪全球国际体系时期后生成国际法系统的前奏。

三、20世纪上半叶的多边主义：两次世界大战重塑共识

19世纪末20世纪初的工业化发展催生了世界市场，但是适应统一世界市场运行的国际体系规则还在艰难建立中。多边主义在凝聚共识、形成规范、执行规则三个不同阶段产生作用的方式和效果均有不同，特别是多边主义能否生成还要受议题领域的信息透明度高低与该领域是否存在主导国影响。在这个意义上说，20世纪上半叶的两次世界大战爆发都是国家间缺

少合作共识，以及主权平等原则在全球世界市场时代尚未找到恰当实现方式的结果。世界大战是最为激烈的国际矛盾表现形式，但是矛盾的暴露对于在危机和冲突过后重启多边主义合作过程中确立有效的共识基础具有不可否认的价值。

在第一次世界大战爆发前，20世纪初的多边主义合作探索也取得了一定的进展，自由贸易在创造财富和繁荣的同时以倍速加剧着国家间、地区间、人与人之间的生存和发展差距，"追求平等"因此在20世纪初的多边主义合作中成为积极有效的共识。一方面，世界市场连为一体的直接结果就是商业的国际化，与此相关的标准和规则也就需要在多边主义框架下产生。1905年开始出现了国际商业、国际信托、企业联盟等形式的跨国组织，更好地满足了支撑世界市场的生产经营方的合作共识和诉求。另一方面，作为劳动者的人的权利和利益实现要滞后许多，世界范围内的工人权利和女性权利运动自19世纪中期以来经过半个世纪的积累，观念和共识也在缓慢成型中，但是真正形成能够影响国家和国际互动的规范和规则却是在20世纪中期的第二次世界大战结束以后了。与世界市场和工业化发展最密切相关的工人权利在1906年瑞士伯尔尼会议上形成了第一个有效的共识和多边主义成果〔1〕，1919年第一次世界大战后作为凡尔赛条约体系一部分而成立的国际劳工组织则正式开启了在人类历史上第一个普遍性"全球"国际组织——国际联盟的框架下寻求和实现关于工人权利的共识和规范的过程。当然，保护劳动者权利的过程在这里还只能算是起

---

〔1〕　具体是指瑞士伯尔尼会议通过的《关于禁止工厂女工夜间工作公约》（International Convention Respecting the Prohibition of Night Work for Women in Industrial Employment）。

步，伴随工业化加深而产生的不同国家和不同地区之间巨大的发展差距决定了真正的多边主义规则体系还远未建立。

凡尔赛条约体系无法调和引发第一次世界大战的矛盾，国际联盟的出现却是多边主义探索的重大进步，无论是集体安全的制度设计，还是经济社会等领域的实质性共识及规则都值得充分肯定。比如，《国际联盟盟约》第 7 条第 3 款赋予女性进入国联机构工作的权利，是 19 世纪中后期"性别平等"共识形成以来的首次里程碑式突破，是继女性参军、女性选举权、反对买卖妇女等之后得以实质性写入国际规范和条约体系的多边主义共识。1925 年国际妇女联盟成立的时候，萌芽于工业化国家和地区的争取女性权利运动才正式具有了世界意义。1936 年出现了国际妇女和平运动，1946 年召开了首届国际女性组织会议，发起成立国际妇女组织联盟，1947 年"国际妇女组织"在纽约成立，这也是今天"世界妇女组织"（World Women Organization）的前身及该组织目前在美洲的地区办公室。不难看出，20 世纪上半叶的性别平等运动和女性权利共识的形成恰恰是在世界市场连为一体的过程中对劳动者权利的认同结果，这种源于女性特征的"天然权利"虽然早在世界市场形成之初就被纳入多边主义框架，并且与工业化进程以及世界大战后国际安全的形势变迁是"共时存在"的，但是其在形成多边主义规范和执行规则阶段的进展并不乐观，二战后的女性解放事业在联合国框架下才取得来之不易的一些成就，足以说明多边主义合作的难度。

某种意义上，凡尔赛条约体系的崩溃是因为无法安排一战后的统一世界市场，共和党占绝对优势的国会拒绝批准《国际联盟盟约》，作为体系首强的美国只能靠在 1923 年法德鲁尔危机后参与德国赔款问题的执行而对凡尔赛体系发挥部分作用，不仅国际联盟作为集体安全多边合作模式的有效性无从保障，1929~1933 年的世界金融危机更是严重破坏了原本脆弱的多边主义共识和规范，德国赔款计划被搁置，自由贸易主义被区域保护主义冲击和取代。1933 年伦敦世界经济会议（World Economic Conference）既是应对危机压力和重振国际贸易的尝试，也为形成在"稳定货币"问题上要确立政治权责不可分割原则这一多边主义新共识奠定了基础。尽管这些共识并不能阻止德国和日本通过法西斯扩张战争突破国际体系安全，但是第二次世界大战的爆发促成了全世界反法西斯力量的空前联合与最终胜利，是 20 世纪历史上多边主义合作的最高成就与典范。大国会议外交与五大常任理事国合作确保联合国框架运行的共识与规范有效调节了二战后的国际和平与安全、国际经济与社会等问题领域的国际交往。多边主义作为有效避免歧视性国际安排的基本形式第一次得到国际关系历史上最大范围的认可。

多边主义旨在通过主权平等和开放性原则基础上的协商一致、达成共识，寻求政治上权责不可分割、确保各方均能受益的有效合作，因此也是真正适应世界市场连为一体后的不同国家和地区差异巨大的发展条件和具体现实的基本国际交往方式。1944 年是世界反法西斯同盟开始走向胜利的转折点，通过大国会议积极寻求共识和重启多边主义合作的努力也逐步取得进展。比如，经济上 1944 年 7 月布雷顿森林会议宣布成立国际复兴开发银行（International Bank for Reconstruction and Development，IBRD）与国际货币基金组织（International Monetary Fund，IMF），赋予了美元对国际货币体系的主导权，形成了战后国际金融体系的新秩序。尽管这种秩序逐步确立和强化了美国在战后世界秩序中的霸权地位，但是也符合多边主义认可的政治权责不可分割原则，因此能够形成基于当时世界政治经济现实的有效合作共识与国际规范，特别是旨在纠正19世纪末以来在世界市场连为一体的过程中，少数发达工业国家强制使用世界范围的发展资源而在事实上剥夺了广大亚非拉国家的平等发展的权利和机会的既成事实。这也是确保二战后的世界经济和贸易、金融体系顺利运行和重启多边主义合作的前提。正是在这个意义上，目前美国国内主张以所谓自由国际秩序取代世界秩序的霸权主义声音其实是公然无视二战后国际合作前提的历史事实，也是没有正视2008年金融危机后世界政治经济发生的重大变革的"开历史倒车"行为，其中不乏以多边之名行霸权之实的"伪多边主义"。

不可否认，从1944年敦巴顿橡树园会议开始，对二战后世界秩序的政治安排中也体现着明显的美国经验和主张，《联合国宪章》精神的确立和联合国大会、安理会、经济与社会理事会、托管理事会、国际法院和秘书处的六大机构设计也多是美国的思想贡献。然而，联合国真正能够获得成员国认可和广泛的共识的基础是其主张的大小国家不论贫富强弱一律主权平等的原则，这也是多边主义作为基本国际交往形式的核心内涵与根本价值，是确保即使经历了两次世界大战的重创，多数国家仍然能对集体安全的国际制度前景产生信心的关键。从六大机构的设计中不难看出，多边主义在凝聚共识、形成规范、执行规则三个阶段的运行特点和作用方式也各有不同，橡树园会议和1945年旧金山会议对联合国集体安全模式的设计只是二战后多边主义合作的新开端，联合国框架及其各个子系统如何运行虽然受到美国霸权和少数优势大国的影响甚至操控，但并非任何大国的国家工具。作为普遍性国际组织的联合国与所有成员国之间的观点主张和利益分配都需要在协商一致的基础上形成共识，否则合作就无从谈起。所谓美国霸权地位的确立及其主张的自由国际秩序安排也是在二战后推动联合国体系运行的过程中借助其实力优势，并且在联合国相关议题领域的国际制度中占据主导而逐步实现的，关于美国的战后霸主地位是硬实力与软实力彼此配合的结果的判断也准确反映了美国霸权离不开多边主义的事实。[1]背弃多边主义只会加剧美国霸权衰落的教训在特朗普执政的四年里已经被美国国内深刻汲取，这也在很大程度上可以解释为什么2021年拜登政府高调炫耀其将复苏美国霸权的成本转移给传统盟友和扩展版"民主"俱乐部的"重建更美好未来世界"计划是延续了联合国宪章精神。[2]具有讽刺意味的是，美国政府避而不谈主权平等和开放性原则，却始终致力于从其他国家和国际组织的责任与贡献中分享利益，这些违背多边主义本质内涵——主权平等与政治不可分割性原则——的主张恰恰反映了"伪多边主义"的本质。通过对20世纪下半叶多边主义在国际关系互动中的进展及其对二战后世界政治经济格局的塑造进行总结，就能清楚地得出历史的真相：是多边主义合作成就了美国的实力地位，而不是美国霸权供应了多边主义的合作方式，因此不能将多边

---

〔1〕〔美〕约瑟夫·S·奈：《美国注定领导世界？——美国权力性质的变迁》，刘华译，中国人民大学出版社2012年版。

〔2〕See Secretary Antony J, Blinken Virtual Remarks at the UN Security Council Open Debate on Multilateralism，载 https://www.state.gov/secretary-antony-j-blinken-virtual-remarks-at-the-un-security-council-open-debate-on-multilateralism/，2021年5月8日。

主义等同于美国的局部经验和某些具体主张，也不能将多边主义与具体的多边制度划等号。

四、20 世纪下半叶的多边主义：全球努力与区域进展

从 19 世纪欧洲中心主义时代的国际关系过渡到 20 世纪世界市场连为一体后，民族国家的主权权利平等及其真正实现问题成为国际体系规则确立和顺利运行的前提。也是在这个意义上，集体安全比权力平衡原则具有历史进步性。20 世纪上半叶的集体安全尝试——国际联盟虽然未能阻止第二次世界大战的爆发，但是作为普遍性国际组织的国际联盟积累了调节统一世界市场的多个专门领域的国家间关系的重要经验，而且国际联盟在实施"集体安全与集体制裁"规范规则方面提供的教训也是二战后联合国机构设计与完善不可或缺的经验参考。作为调节战后世界政治经济运行的总体框架安排，联合国不是一般意义上的国际组织，为了充分实现联合国宪章精神确立的世界和平与发展繁荣的目标，联合国系统在运行之初就遵循协商一致原则，最大范围地寻求共识，接受非政府组织在联合国经济及社会理事会中的咨询地位，同时也赋予了政府间组织以观察员地位，都说明了联合国框架下的国际体系才是二战后唯一获得广泛认可的合法多边主义体系，而不是少数大国操控一时的其他所谓国际秩序安排。

20 世纪是世界市场连为一体的世纪，二战后的世界经济秩序重建与工业化进程加速当然离不开多边主义推动的国际合作深化。与战后世界很快出现的政治分裂相比，布雷顿森林体系一方面代表了西方工业世界对 1929～1933 年金融危机的反思和同意分担国际货币体系稳定的责任的基本共识，另一方面

也充分反映了仅有共识尚不足以支持有效的多边主义合作，成立之初即举步维艰的国际复兴开发银行和事实上被美国控制的国际货币基金组织都说明形成规范和执行规则阶段对多边主义合作领域的信息透明度有明确要求，这一时期国际贸易领域的合作可能更是停留在仍需凝聚共识阶段。

　　与 19 世纪维也纳条约体系和 20 世纪初凡尔赛条约体系自上而下推动国家间合作不同的是，第二次世界大战后的多边主义合作是从地区层面萌芽和探索，向区域外扩展后又连接起来的。欧洲学者称其为区域合作的新功能主义 "外溢"（spillover）效应，美国学者将其解释为成本—收益核算后的 "有限理性"（bounded rationality）选择。这些定义其实都是他们对各自地区经验的总结，兼具一般性和特殊性，并不能被视为普世经验。如果说具有普世性的成分，那只能是对多边主义的运用，两种经验和路径的共通之处是多边主义运行规律的体现。因为二战后虽然有了联合国框架的国际体系安排，但是不同地区和国家之间的发展现状和实际诉求相差甚远，有效的国际合作只可能在国家间和地区内实现，其中最有代表性的就是西方工业集团为迎合马歇尔计划而在 1948 年成立的欧洲经济合作组织（Organization for European Economic Cooperation）。1949 年苏联主导成立的经济互助委员会（Council for Mutual Economic Assistance，以下简称：经互会）。美国推出的马歇尔计划事实上取代了国际复兴开发银行的作用，造成后者在成立之初就遭遇生存危机，不得不转向对消除贫困问题的关注。苏联成立经互会也并非仅仅是为了与西方工业集团对抗，经互会之所以能出现也是因为在成员间确立了能够开展有效合作、满足工业化发展的初级阶段诉求和市场互补的多边主义共识基础。此后的经济社会发展过程表明，无论是西欧一体化的合作深化还是东欧一体化遭遇的挫折，都是由其作为世界市场一部分能否将互联互通、主权平等和开放性原则的多边主义共识转化成具体有效的合作规范，并落实相应的国际规则决定的。

（一）战后初期和20世纪50年代两大阵营对抗阻滞多边主义合作

二战后的世界迅速由反法西斯联盟的大国合作转向美苏两大阵营的对抗，并且因此加剧了战后世界的政治经济分裂，严重妨碍了联合国框架下的多边主义合作。1949年北大西洋公约组织和1955年华沙条约组织的成立都只是在各自特定的地区范围内部分地借用了多边合作的形式，不是真正的多边主义，而是"集团政治"。更恶劣的影响是，两大阵营的相互对抗实际地破坏了联合国集体安全体系的运行，两大阵营对第三世界的渗透和争夺更是背离联合国宪章精神对世界和平与发展繁荣的预期目标，是必须被后世警惕的历史教训。尽管无力干预美苏争霸，联合国在维护和平方面还是做了积极的努力。1954年12月，第9届联合国大会通过决议，要求筹建一个和平利用原子能的国际机构，两年后国际原子能机构（International Atomic Energy Agency，IAEA）正式成立。1956年第二次中东战争爆发，联合国向埃及的西奈半岛派遣紧急部队，开启了联合国维和的历史。和平利用核能与维和都是联合国框架下进展艰难但是意义重大的专门问题领域，也是多边主义发挥关键作用的领域，在多边主义合作的凝聚共识、形成规范、执行规则三个阶段都有实质性体现。

（二）20世纪60年代多边主义的区域合作成果

20世纪60年代开始，战后恢复和重建的初步成效和对国际合作的诉求就得以凸显，多边主义的作用也更加突出。1968
年由 59 个国家签字的《不扩散核武器条约》（Treaty on the
Non-Proliferation of Nuclear Weapons，NPT）表达了国际社会对
于避免核战争的强烈共识，并且这一共识在此后经历了半个多
世纪的国际格局变迁也并未改变。60 年代也是联合国《第一
个发展十年（1960~1970）国际发展战略》的探索开端，克服
发展难题、缩小南北差距成为国际社会关于战后世界的新共
识，在此基础上也迎来了多边主义合作的繁荣。20 世纪世界
市场连为一体是工业化的结果，但是连为一体并没有自动带来
发展，特别是广大亚非拉地区，即使在经历了两次世界大战的
重创后也没有被纳入西方工业化加速发展的进程，继续加大的
贫富差距反而使其陷入动荡、战乱和更加贫困的恶性循环，完
全背离了联合国宪章精神关于世界和平与发展繁荣的目标。消
除贫困才能摆脱动荡，寻求发展才能实现和平是这一时期多边
主义凝聚的基本共识。然而，关于如何实现发展，联合国在此
后半个多世纪的世界政治经济互动中也在不断更新着认知，探
寻着有效的共识和切实可行的规范、规则。第一个发展的十年
将发展单纯认定为工业化的结果，于是将工业化国家的资金、
技术和经验引入欠发达国家和地区就成为这一时期联合国工作
的重点目标，1964 年联合国贸易与发展会议（United Nations
Conference on Trade and Development，UNCTD）和 1965 年联合
国开发计划署（the United Nations Development Programme，UN-
DP）的成立都是为这种发展共识而创建的规范落实和规则执
行机构。不能不说，尽管联合国框架下的经济和社会发展合作
远不及布雷顿森林体系对战后世界经济秩序产生的决定性作
用，但是旨在缩小南北差距和促进南南合作的共识在历经半个

多世纪的努力和坚持后，我们更能从中看到多边主义的历史价值和意义，而不必盲目接受少数发达经济体的教条与施压。比如，正是因为在 1964 年联合国第一次贸易与发展会议上表现出与发达工业国家的尖锐冲突，应运而生的 77 国集团创造了南南合作的多边主义框架，77 国集团的松散合作在充分尊重主权平等和协商一致原则基础上不断推动着发展中世界的诉求在联合国框架下得到实现的进程，与美国霸权追求的国际制度设计大相径庭。然而，布雷顿森林体系和所谓自由国际秩序恰恰是因为不能带来充分的地区均衡发展而被历史抛弃的，真正的发展必须是建立在主权平等与开放性原则基础上的，并非依靠霸权国供应的结果。

为寻求和平与发展，20 世纪 60 年代也是区域组织和地区发展银行建立的活跃时期。在东西两大阵营对抗的冷战形势日益挑战联合国宪章维护世界和平宗旨的时代背景下，1963 年非洲统一组织（Organization of African Unity）和 1967 年东南亚国家联盟（Association of Southeast Asian Nations，ASEAN）的成立都将主权平等和不干涉内政原则作为区域和平与发展的前提，由此开启了两大阵营之外第三世界国家对立发展的道路。这些地区的发展诉求并不在西方工业集团领导战后世界的议程中，甚至长期被忽视、否定和打压。比如，东盟在冷战后成功探索出的 10+X 地区发展模式、2000 年以来非洲统一组织及其继承者非洲联盟（African Union，AU）都积极参与的中非合作论坛（Forum on China-Africa Cooperation），这些都是在美国霸权之外开展多边主义合作的成功经验，也是区别于欧洲一体化的发达经济体合作模式的其他路径。除了源于和平与安全共识的区域组织，以经济社会发展为目标的地区发展银行也是多边主义催生合作的典型产物。地区银行是旨在激发地区发展潜力和意愿，由地区成员凝聚合作共识和提供发展资源的有益尝试，也是多边主义框架下只有遵循主权平等、政治权责不可分割、扩散性互惠原则，才能在当时西方工业强国主导的国际制度安排之外实现的创新与突破。比如，1964 年非洲发展银行（African Development Bank，AFDB）、1966 年亚洲开发银行（Asian Development Bank，ADB）都是这一时期地区多边主义的产物。特别是亚洲开发银行向世界提供了日本在战后经济复苏的过程中寻求与美国霸权合作并获得共存机会的重要经验，有效弥补了布雷顿森林体系不能兼顾的亚洲市场，同时又使作为崛起国与守成国的日美双方都能从中获益。

鉴于 20 世纪 60 年代冷战阴云笼罩下地区冲突愈演愈烈（1961 年肯尼迪政府直接介入越南战争）和民族解放运动日益高涨（1962 年纳尔逊·曼德拉被南非种族隔离政权逮捕入狱）的现实，在维护主权平等和民族自决国际共识的基础上，1966年 12 月联合国大会通过了包括《经济、社会及文化权利国际公约》《公民权利和政治权利国际公约》《公民权利和政治权利国际公约任择议定书》在内的国际人权公约，为后续联合国框架下国际人权保护事业的开展和形成多边主义合作奠定了基础，也是 20 世纪以来世界市场连为一体后对劳动者权利实现和保护规范的一次里程碑式推进。

（三）20 世纪 70 年代寻求新秩序成为区域多边主义的活跃共识

20 世纪 70 年代两大阵营的冷战对抗并未因为战后经济的复苏和区域合作取得的进展而缓解，于是无论工业化集团还是发展中世界都开始诉求通过新的秩序安排扭转不利局面，西方

集团主张的"世界新秩序"（1973 年北美、西欧、日本组成的
"三边委员会"）与发展中世界主张的"国际经济新秩序"成
为这一时期促成区域多边主义合作的新共识基础。20 世纪 60
年代末就已经开始频繁出现的美元危机最终拖垮了布雷顿森林
体系赋予美国的国际金融中心地位，1971 年尼克松政府宣布
中止美元的固定汇率制，布雷顿森林体系稳定战后世界金融秩
序的历史使命也宣告结束，国际货币基金组织和世界银行从此
转入新的发展阶段，并且越来越被证明并不能有效调节完整的
世界市场和国际经济交往。1973 年第四次中东战争爆发后，
石油输出国组织为打击以色列及其支持者而宣布石油禁运，造
成油价大涨，引发了第一次石油危机。加之布雷顿森林体系解
体的打击，美国霸权及其盟友对联合国操控能力的明显下降，
都促使它们开始转向寻求强化其集体优势的"少边主义"俱
乐部，1976 年由西方工业强国组成的七国集团（G7）宣布成
立，这种集合了当时世界最发达经济体的封闭式合作不仅不符
合多边主义原则，而且是加剧世界政治经济分裂的做法，完全
背离了联合国宪章精神的世界和平与发展繁荣宗旨。

　　1970~1980 年是联合国《第二个发展十年（1970~1980）
国际发展战略》实施阶段，对国际新秩序和公平公正发展的
诉求成为新的国际共识，对 20 世纪 60 年代盲目效仿西方工业
化推行"没有发展的增长"造成的南北差距继续拉大的旧有
发展模式进行了反思与调整，并开始探索建立基于新共识的多
边主义规范和规则。1974 年联合国大会第 6 届特别会议通过
了 77 国集团起草的《建立新的国际经济秩序宣言》和《发展
中国家经济合作行动纲领》，对美苏争霸强化的发展鸿沟表达
了公开的不满，要求主权平等基础上的南北对话和继续深化南

南合作。1976 年国际劳工组织在关于就业、收入分配和社会进步的国际分工问题世界会议上提出了"基本需求战略"（Basic Needs Strategy），主张发展中国家更新发展观念，将满足人民特别是贫困人口的基本需求作为重点目标，发挥劳动力密集型生产方式对减小收入差距和创造就业机会的优势，侧重引进和开发"适用技术"，而不是盲目效仿西方工业强国、简单追求增长的道路。与此同时，1977 年联合国开始起草《跨国公司行为守则草案》，也反映了纠正不平等的国际秩序安排在 20 世纪 70 年代成为多边主义合作的基本共识，在形成相应的国际规范和落实国际规则阶段的多边主义合作也同时在约束发达经济体从不平等安排中攫取利益的行为与争取不发达经济体的公平发展机会的两个方向上艰难寻求着进展。

对发展鸿沟的关注和对公平国际秩序的追求也推动了 20 世纪 70 年代对统一世界市场中劳动者权利和人的基本权利保护与实现的多边主义合作进展，特别是有关女性平等权利的共识被纳入联合国宪章精神实现的层面，1975 年 6 月在墨西哥城召开了国际妇女年世界会议，提出以"平等、发展与和平"为主题的联合国妇女十年（1976~1985）倡议。1979 年 12 月联合国大会通过了《消除对妇女一切形式歧视公约》（The Convention on the Elimination of All Forms of Discrimination against Women，CEDAW）的有关议案，确立规则以保障女性在政治、法律、就业、教育等方面的权利，标志着基于女性权利平等共识的多边主义合作进入新的历史时期，成为联合国框架下全球文明进步的共同目标之一，对于女性权利保护事业的区域间协调与相互推动具有重要的引领作用。中国是该公约的最早缔约国之一，自 1981 年 9 月公约生效以来中国就在国际女性平等权利多边主义合作中发挥着积极作用。1985 年在肯尼亚首都内罗毕举行"联合国妇女十年"终期会议时，中国又接受了联合国倡议全世界女性参加 1986 年"国际和平年"活动的邀请。

20 世纪 70 年代对发展问题的关注还聚焦到环境保护议题上，与战后经济复苏相伴的环境污染现象及其严重后果在 20 世纪 50 年代至 60 年代越发突出地表现出来。1972 年 6 月在斯德哥尔摩召开了第一次人类环境与发展会议，发表了《人类环境宣言》，并作出成立一个联合国框架下负责全球环境事务的专门机构的决议。1973 年联合国环境规划署（United Nations Environment Programme，UNEP）诞生，并于当年 10 月将总部定在了肯尼亚首都内罗毕，这也是目前仅有的将总部设在发展中国家的两个联合国专门机构之一。《人类环境会议宣言》明确了人类有权在一种能够过尊严和福利的环境中，享有自由、平等和充足的生活条件的基本权利，并且负有保护和改善这一代和将来的世世代代的环境的庄严责任。在此共识基础上，环境与发展、环境与人口、环境与贸易等议题领域的内在联系成为推动多边主义合作的核心规范，联合国环境规划署也在与联合国可持续发展委员会（1992 年）、联合国开发计划署、世界贸易组织等国际机构的协调中开展工作，有效指导了将缩小发展鸿沟和促进南南合作的人类共同发展目标落实为具体多边主义合作规则的过程。

（四）20 世纪 80 年代区域多边主义持续发展

20 世纪 80 年代是联合国《第三个发展十年（1980 ~ 1990）国际发展战略》计划的实施阶段，该计划对第二个发展十年中公平公正目标的实现表达了失望，进一步明确提出要大幅缩小南北差距，尽早消除发展中世界的贫困与依赖状况，在公平公正的基础上促进国际经济制度结构的深层变革。第三个发展十年战略强调发展过程必须提高人的尊严，发展的最终目的是在全人类充分参与发展过程和公平分配从而得来的利益的基础上不断增进他们的福利。

1976~1981 年发展中国家的债务危机迅速增长，1981 年外债总额为 5550 亿美元，此后虽有调整但是收效甚微，1986 年则达到了 10 350 亿美元。其中拉丁美洲所占比重最大，约为全部债务的 1/3。其次是非洲，尤其是撒哈拉沙漠以南地区，负债率超过了 200%。[1] 为扭转这种困局，发展中国家要求改革国际货币基金、世界银行等国际组织，增加发展中国家的投票权和决策权；敦促债权国免除最不发达国家所欠的全部债务，并确保其对发展中国家的官方发展援助切实达到联合国规定的国民生产总值的 0.7%；尝试金融领域的南南合作，提升发展中国家的集体自力更生能力。这些共识准确反映了 20 世纪 80 年代以来发展难题的症结即发达工业国家的经验并不具有普世性，发达工业国家在供应资金、技术和国际制度体系的主观意愿和客观效果方面都存在诸多的不足。如何将发展中世界形成的共识转化为有效的规范和可操作的规则是这一时期多边主义合作面临的难题和努力的方向，以中国为代表的改革开放探索就是发展中国家寻求独立自主发展与坚持多边主义合作相结合的一种尝试。

20 世纪 80 年代国际社会对人类环境与自然资源加速恶化造成的经济和社会后果有了更为清楚的认识，1982 年在内罗

---

〔1〕 参见唐宇华："八十年代撒哈拉以南非洲国家的债务危机与国际减缓措施"，载《世界经济》1990 年第 8 期。

毕召开的联合国环境管理理事会提议成立世界环境与发展委员会（World Commission on Environment and Development, WCED）作为独立机构审查世界环境与发展的关键问题，由联合国秘书长提名时任挪威工党领袖布伦特兰夫人为主席，因此该委员会也称为布伦特兰委员会。1987 年布伦特兰在联合国大会发表了《我们共同的未来》（Our Common Future）报告，正式定义了"可持续发展"（sustainable development），即满足当代需求同时又不损害后代子孙需求的发展。可持续发展理念自此逐渐得到广泛认可，并成为联合国《第四个发展十年（1990~2000）国际发展战略》的主题。

80 年代区域一体化合作仍在积极推进，1985 年由孟加拉国、印度、巴基斯坦等 8 个成员国组建的南亚区域合作联盟（South Asian Association for Regional Cooperation, SAARC）将增强成员国集体自力更生能力，促进区域内经济增长、社会进步与文化发展作为目标，特别强调了协商一致基础上做出决议，严格遵守主权平等和不干涉内政原则，以及不排斥和取代其他双、多边合作的基本准则，是非常具有代表性的多边主义合作成果，遵循了主权平等、政治权责不可分割、扩散的互惠性原则，没有盲目效仿西方工业集团在 80 年代向拉美地区积极推销的"新自由主义"发展模式。1989 年为推动陷入债务危机的拉美国家实施国内经济改革，由国际货币基金组织、世界银行和美国政府共同设计的促进贸易和金融自由化改革不仅不能帮助拉美国家实现增长，还加剧了拉美国家的贫困与失业，再次证明了西方工业化的经验并非具有普世性的发展经验，有效的发展经验与合作共识一定是来自于主权平等与协商一致基础上的多边主义互动。

（五）冷战结束后多边主义面临新挑战

1989 年柏林墙倒塌和 1991 年苏联解体宣告了冷战两大阵营对抗国际格局的终结，然而地区冲突与动荡的接踵而至对世界和平与安全造成了更为严峻的威胁，对联合国框架下的集体安全与维持和平多边主义合作也带来更大的挑战。1994 年 12 月欧洲安全与合作会议（Conference on Security and Cooperation in Europe）第四次首脑会议通过《走向新时代真正伙伴关系宣言》，决定从 1995 年开始更名为欧洲安全与合作组织（Organization for Security and Cooperation in Europe，OSCE）。1995 年 5 月联合国《不扩散核武器条约》（NPT）审议和延长大会以协商一致的方式决定无限期延长该条约。这些多边主义合作成果都反映了国际社会对冷战后的世界和平与地区安全的强烈诉求。

事实上，联合国框架下维和事业的发展也是二战后联合国在坚持主权平等原则基础上积极探寻有效制止武装冲突的多边主义合作方式的代表性问题领域。从最初坚持中立维和的 1960 年"哈马舍尔德预防性外交三原则"：经冲突当事方同意方可部署联合国维和部队；维和人员保持中立；维和人员除自卫和履行职责需要以外不得使用武力，到加利秘书长 1992 年《和平纲领》在维持和平（peace-keeping）之外增加了缔造和平（peace-making）与建设和平（peace-building）的使命，联合国一直是在凝聚共识—形成规范—执行规则的多边主义合作进程中持续推进着维护和平与安全的工作。但是冷战后的国际形势和地区发展矛盾更为复杂，加利秘书长寻求的变革偏离了传统维和规范的同意、中立、自卫三原则，引发"新干涉主义"，进而损害了联合国的权威性。在干预索马里和卢旺达地区冲突中接连失败后，联合国维和框架下的多边主义合作也陷入困境与挫折。直至1998年联合国中非共和国特派团成立，从"强制维和"退回到"合作维和"的基本规范，联合国维和才走出冷战结束带来的混乱，逐渐适应了新的地区安全与世界和平形势。2000年安南秘书长特使关于改进维和工作的《卜拉希米报告》再次明确联合国维和行动的四大要素：预防性外交、缔造和平、维持和平、冲突后建设和平。2001年加拿大政府组建的"干预和国家主权国际委员会"针对回答安南秘书长关于"国际社会究竟应该在何时出于人道主义目的进行干预"的问题提出了"保护责任"（Responsibility to Protect，R2P）的概念。2006年4月安理会首次在第1674号决议中使用保护责任概念，即在武装冲突的情况下保护公民的安全，同年8月安理会第1706号决议授权在苏丹达尔富尔地区部署联合国与非盟混合部队，由此进一步迎来国际维和的创新实践，也是多边主义合作中区域组织与全球组织探索出平等对话而非等级制关系的重要经验与突破。

冷战结束后，全球化进程加速发展，世界市场互联互通与劳动者权利充分实现的多边主义共识也得到进一步充实与完善。1994年关税与贸易总协定（GATT）第8轮谈判"乌拉圭回合"会议期间通过决议成立世界贸易组织（WTO），结束了作为布雷顿森林体系重要支柱的关税与贸易总协定以临时适用议定书的形式协商成员间削减关税及打破其他贸易壁垒共识的漫长历史。1995年世界贸易组织正式运行，国际贸易自由化的多边主义合作取得里程碑式进展，商品与服务贸易自由流通的新规范即将带来世界市场的深度融合与世界经济的高度繁荣。与此同时，世界贸易组织的成立也继续强化着发达经济体与发展中世界的南北分裂，不仅联合国贸易与发展会议的作用受到更大的挑战，消除贫困和促进发展方面的事业也并没有因为全球性国际贸易组织的出现而得到推动，无法弥合的分歧与矛盾反而促进了区域性一体化组织的多边主义合作进展，比如1994 年正式生效的《北美自由贸易协定》（North American Free Trade Agreement，NAFTA）成为当时世界上最大的区域经济一体化组织，北美自由贸易区的经济实力和市场规模都超过了欧盟。当然，欧洲一体化的进程在 20 世纪 90 年代也取得重大进展，1992 年《欧洲联盟条约》在马斯特里赫特签署，成为继 1986 年《单一市场协定》以来的又一里程碑式成果，1997 年《阿姆斯特丹条约》的签署解决了马斯特里赫特条约的部分遗留问题后，欧洲议会的权力得以扩大，2000 年《尼斯条约》签署，2002 年欧元开始在 12 个成员国发行。欧洲一体化在仅仅十年的时间（1992~2002 年）里完成了区域经济一体化过程的三个关键阶段：从关税同盟（1968 年）到统一市场，再到经济货币联盟，国际社会对欧洲经验的推崇和质疑声音也因此同时发展到前所未有的高度。

与全球化进程加速发展并行不悖的是反全球化的声音，特别是对布雷顿森林体系三大支柱——国际货币基金组织、世界银行、关税与贸易总协定——聚拢财富和资源到发达经济体的同时持续加剧着南北差距予以的质疑和批判。可以说，全球化与反全球化的进程是彼此交错、相互推动的。作为对全球化替代选择的区域一体化发展尤其引人注目，比如，1991 年由阿根廷、巴西、乌拉圭、巴拉圭发起成立的南方共同市场（MERCOSUR），也是世界上第一个完全由发展中国家组成的共同市场，是南美地区最大的经济一体化组织，旨在通过协调成员间宏观经济政策，有效利用资源和保护环境，增强经济互补，最终实现经济政治一体化。再比如，1997 年亚洲金融危机爆发彻底暴露了国际货币基金组织偏狭维护西方工业集团而置之不理世界金融体系稳定的本质。作为应对危机的积极尝试之一，东南亚国家联盟（ASEAN）扩展了自成立以来的安全合作共识，在集体自力更生的新共识基础上寻求与区域内大国的经济合作，东盟+中、日、韩（10+3）区域合作机制逐渐成形。1997 年首次东盟与中、日、韩领导人非正式会晤在马来西亚吉隆坡举行，1999 年柬埔寨加入东盟后，东盟小国集体主导的 10+3 多边主义合作开始艰难的探索。东亚一体化的 10+3 合作由领导人非正式会议、部长级会议、二轨外交三个层次组成，成员国特别是主导方——东盟对主权平等原则的重视和维护始终超过对实际互惠性的追求，与同一时期欧洲一体化取得的进展相比，东亚一体化的低制度化合作始终不被看好和肯定。

当然，针对全球化加速发展带来的负面后果，来自布雷顿森林体系内部的改革也并未停滞，1995 年詹姆斯·戴维·沃尔芬森（James D. Wolfensohn）出任第 9 届世界银行行长，他在就职后果断对世界银行进行重组，下放管理权，增加透明度。他将消除贫困和保护环境设定为世界银行的工作重点目标，把反对腐败和抗击艾滋病等列入议事日程，提出减免债务的计划，扩大发展中国家的发言权，大大提高了世界银行资助计划的效率。沃尔芬森的改革虽然无法改变世界银行根深蒂固的弊端，但是准确反映了冷战后全球化发展中不可或缺的发展中世界的需求，有效促进了主权平等和劳动者权利实现的多边主义共识转化为联合国框架下的合作规范和规则，一定程度上缓解了全球化进程产生的负面影响。1995 年也是世界贸易组织取代关税与贸易总协定正式运行的开端，从某种意义上说，世界贸易组织的运行集中反映了全球化发展的"双刃剑"效应，因此也遭到反全球化声音的激烈批判。1999 年 11 月世界贸易组织部长级会议在西雅图引发骚乱，抗议者对贸易环境、劳工标准的诉求也是即将进入新千年的世界市场一体化进程中最为活跃的多边主义共识基础，强烈呼唤着有效的规范与规则推动实际的合作进展。

2000 年 7 月由科菲·安南创立的联合国全球契约组织（United Nations Global Compact）成立，目标是在全球范围内动员可持续发展的企业和利益相关方，"创造一个我们想要的世界"。作为隶属于联合国秘书处、以推进企业社会责任和可持续发展为宗旨的当今世界最大的国际组织，联合国全球契约组织正是在全球化发展时期最为有效的多边主义共识基础上应运而生的，它通过将有关人权、劳工、环境和反腐败的全球契约十项原则纳入企业战略和运营中，确保企业特别是对全球化发展具有重要影响的跨国公司以更加负责的方式运营，成为商业向善的力量，推动联合国宪章精神的实现。

针对全球化影响人们生产和生活方式最为广泛和深刻的劳动者权利保护问题，国际劳工组织从 20 世纪 90 年代开始也将保障劳动者的基本人权与促进充分就业作为工作重点，国际劳工标准逐步细化为核心标准、优先标准和一般标准三大类，促进了各国劳工立法的完善。1989 年 1 月 1 日《关于消耗臭氧层物质的蒙特利尔议定书》开始生效，成为全球保护臭氧层国际合作的有效多边主义框架，也是此后国际社会在应对气候变化问题上取得共识程度最高和执行国际规则最为有力的议题领域。1992 年 6 月联合国环境与发展会议通过《21 世纪议程》，提出加速发展中国家可持续发展的国际合作与国内政策，明确妇女、儿童、青年参与可持续发展，加强非政府组织作为可持续发展合作者的作用，是对联合国成立以来半个世纪多边主义合作成果的高度凝练，充分反映了劳动者权利实现的意义和发展问题的本质。

五、21 世纪的新多边主义：主权平等与充分发展

跨越新千年的多边主义合作一方面对联合国框架下的改革与创新寄予了厚望，2000 年 9 月联合国首脑会议通过《联合国千年宣言》，提出到 2015 年之前实现将全球贫困水平降低一半（以 1990 年为准）的千年发展目标，并将其具体化为消灭极端贫穷和饥饿、普及小学教育、两性平等和女性赋权等八项子目标，同时成立了由秘书长创建的千年发展目标差距问题工作组，监督其实施情况。2004 年日本、德国、印度、巴西结成"四国同盟"要求联合国安理会常任理事国席位，是旨在从制度改革方面增加多边主义合作的代表性与实效性的最彻底主张。另一方面，因为对联合国框架与全球性多边主义失望或者出于绕道而行的需要而寻求区域性合作进展的努力也表现出新特征。最典型的就是 2001 年"9·11"事件后将反对恐怖主义作为国家安全首要任务的美国总统小布什高调借用亚太经合组织（APEC）领导人非正式会议的框架构建多边主义反恐合作共识。2001 年 10 月在中国上海举行的 APEC 领导人非正式会议既是该会议首次在中国举行，也在某种意义上宣告了以中、美、俄三国对话与合作为基础的多边主义黄金发展期，会议通过的《领导人宣言：迎接新世纪的新挑战》和《亚太经合组织领导人反恐声明》成为指导相关双边与多边合作的有

效规范。亚太经合组织成立于 1989 年 11 月，虽然是亚太地区最高级别的政府间经济合作机制，但是真正开展有效的多边主义合作却是在 2001 年以后，主要原因就是在以反对恐怖主义等非传统安全威胁为首要目标这一新的共识基础上，寻求不同意识形态和发展水平的国家间最大范围的合作在当时成为国际社会的迫切需要。

　　亚太经合组织框架下大国合作的蜜月期到 2008 年金融危机爆发后宣告中止，为复苏经济不得不将合作范围扩大到后发现代国家的新共识又借助 1999 年由七国集团财长会议创建的二十国集团（G20）机制得以延续。2008 年金融危机爆发前，二十国集团只举行财长和央行行长会议，就国际金融体系改革和世界经济发展问题交换看法。金融危机爆发后，美国倡议召开领导人峰会，2009 年 9 月召开的匹兹堡峰会将二十国集团确定为国际经济合作的主要论坛，标志着全球经济治理体系改革成为新的多边主义共识，二战后延续了半个多世纪的西方工业集团主导的霸权结构开始出现松动。二十国集团占世界GDP 总量的 90%，人口约 40 亿，可以说是当今世界除联合国框架之外最大范围的多边主义合作尝试。不过，二十国集团并无常设机构和固定议程，而是随国际政治经济形势的变动凝聚共识的借力型多边主义合作框架。[1]西方工业集团不得不借助二十国集团与集体崛起的后发现代国家开展对话和寻求合作，很大程度上是应对 2008 年金融危机的被迫选择。当摆脱危机的方案逐渐奏效后，西方工业集团则明显转向了复兴霸权优势的高门槛国际制度设计。2015 年 10 月由奥巴马政府主导的

---

　　〔1〕　参见项南月、刘宏松：“二十国集团合作治理模式的有效性分析”，载《世界经济与政治》2017 年第 6 期。

"跨太平洋战略经济伙伴关系协定"（Trans-Pacific Strategic Economic Partnership Agreement，P4）谈判结束，2016年2月有12个成员国的《跨太平洋伙伴关系协定》（Trans-Pacific Partnership Agreement，TPP）正式签署。但是由于国内分歧严重，2016年11月美国参议院正式搁置了奥巴马政府的TPP计划，2017年1月特朗普就职当天就宣布退出TPP，明确表示了对多边制度可能复兴美国霸权的方案强烈不满。

从2002年新西兰、新加坡、智利、文莱四国发出旨在促进亚太地区贸易自由化的倡议，到2009年11月美国开始主导谈判，再到2017年特朗普政府出于保护主义目的宣布退出TPP后，2017年11月日本和越南重新推动11国合作的《全面与进步跨太平洋伙伴关系协定》（Comprehensive and Progressive Agreement for Trans-Pacific Partnership，CPTPP）达成一致。全球化发展背景下，国际社会对贸易自由化的共同诉求之明确和规范达成之艰难都得到了充分证明。作为适应全球化发展前景的新型自由贸易协定，CPTPP虽然反映了发达经济体希望保持优势的高门槛设计，但是全覆盖、宽领域、高标准的规则对于克服现有自由贸易协议的弊端和引领未来合作方向的积极价值应该受到肯定。2021年2月、9月，英国和中国先后提出了加入CPTPP谈判的正式申请，也是推动这种新型自由贸易协定成为进一步尊重主权平等和开放性原则的多边主义合作的重要进展。

早在TPP谈判由奥巴马政府主导进行期间，发展中国家就认识到TPP并非公平兼顾不同发展水平地区经济体的实际需求的多边设计，发达国家集团之所以难以达成一致，与它们在WTO框架下遇到的难题和旨在维护其旧有特权的目的是根本相关的。因此，从 2012 年开始东盟就发起《区域全面经济伙伴关系协定》(Regional Comprehensive Economic Partnership, RCEP) 谈判，东盟 10 国+中、日、韩、澳大利亚、新西兰的 15 个成员国于 2020 年 11 月正式签署协议，2021 年 10 月 6 个东盟成员国提交 RCEP 核准书，澳大利亚、新西兰也完成国内核准程序，RCEP 达到了 2022 年 1 月 1 日正式生效的条件。RCEP 的签署标志着当今世界人口最多、经贸规模最大，最具发展潜力的自贸区启动。RCEP 更多兼顾了亚太地区发展中经济体的主权平等与人民福祉需求，将改善贸易和投资环境、增强地区发展潜力作为首要目标，是在布雷顿森林体系框架无法满足的方面凝聚共识和形成规范的多边主义合作，尤其在经历新冠疫情造成的世界政治经济分裂危机后显示出区域一体化合作的重要价值。与亚太地区诉求的经济一体化不同，拉美和加勒比地区的 33 个国家在 2011 年 12 月成立了西半球最大的区域性政治组织——拉美和加勒比国家共同体 (CELAC)，这也是首个没有美国和加拿大参加的美洲地区组织，该组织致力于维护地区和平、保障地区安全，通过协调立场促进地区团结、独立和发展，明确表达了对主权平等原则和全球治理体系重塑的新共识。

2015 年联合国在千年发展目标计划 (Millennium Development Goals, MGDs) 收官之际，于同年 9 月的第 70 届联合国大会上通过了《2030 年可持续发展议程》(Transforming Our World: The 2030 Agenda for Sustainable Development)，确定了 17 项可持续发展目标，旨在以综合的方式从经济、社会、环境三个维度彻底解决发展难题，转向可持续发展的未来世界。可持续发展目标 (SDGs) 既是对千年发展目标的延续，比如仍然把消除贫困作为第一要务，同时也是基于世界政治经济重大变革和全球治理体系重塑的现实而设计的一揽子解决方案，是在可持续发展符合人类福祉的共识基础上形成的系统规范，能够给予不同发展地区和国家以有效的目标指导，是推动 21世纪新型多边主义合作的重要支撑。

综上所述，多边主义是在 19 世纪初因工业化发展的诉求和欧洲大国在打败拿破仑帝国后出现的国际和平环境而产生的国际交往形式，能够有效弥补权力平衡或称均势原则对调节这种新国际环境下的国家间关系存在的不足，也充分适应了民族国家实力增长的新需要。多边主义在 19 世纪初萌芽后，经由19 世纪中后期、20 世纪上半叶、20 世纪下半叶、21 世纪的五个发展时期，主要在"互联互通""和平与安全""劳动者权利"等问题领域产生作用，并且不同的领域是否能形成多边主义合作取决于两个重要条件：相关议题领域的信息透明度水平以及是否存在主导国。与此同时，多边主义产生作用的方式在凝聚共识、形成规范、执行规则三个主要阶段方面的表现也存在明显差异。多边主义合作的常见方式是国际会议、国际协定或条约、（包括但不局限于）国际制度或国际组织，然而，并不能说有这些方式的国际互动都是多边主义。多边主义的本质内涵——主权平等、政治权责不可分割、扩散性互惠——才是辨识纷繁复杂的国际合作是否是多边主义的根本依据。

第三章
旧多边主义的时代价值与局限性

　　多边主义自生成以来就是以局部地区的国际经验追求全球国际体系目标的产物，无论 19 世纪至两次世界大战期间由欧洲大国主导的多边主义实践，还是二战结束后由美国霸权主导的多边主义理论研究和实践成果都概莫能外。[1]多边主义在其产生的时代都发挥了不可替代的作用，它业已得到肯定的价值确保其延续至今，成为国际交往的基本形式之一。与此同时，我们也要清楚，多边主义是一种不断演进的政治过程，并非一劳永逸的结果或者某种固定不变的互动模式。所以，每个历史时期形成的多边主义都有不可避免的局限性，只有在恰当的修正和更新后才能适应新的时代主题与国际环境。

　　欧洲主导和美国主导的多边主义经验对国际关系发展的重要贡献都在于它们探索的工业化发展道路和共识奠定了世界市场连为一体的坚实基础，肯定了主权平等的历史进步性。但是在进入 21 世纪后，欧洲经验和美国经验都不能将联合国框架下的和平与发展宗旨有效转化成多边主义共识，仍在不断扩大的发展鸿沟和南北分裂说明了旧有的多边主义经验要做出恰当

----

　　〔1〕　本章研究内容曾作为作者文章的一部分公开发表，参见李晓燕："从多边主义到新多边主义：共识稀缺困境及其出路"，载《学术界》2022 年第 5 期。

的修正，任何排斥特定参与方的倡议都是违背多边主义本质内涵的"伪多边主义"。坚持主权平等和开放性原则的真正多边主义能够培育有意义的认知革命，进而带来国际关系理论与实践的创新和突破。

一、欧洲多边主义经验的身份同质性

所谓身份同质性是指参与多边主义的各方对"自我—他者"的认知具有高度的一致性。欧洲地区国家在宗教信仰、历史互动的经验积累、经济发展水平、意识形态、政党政治等方面的地区内趋同性是当今世界的任何其他地区都无法效仿的，因此欧洲发展的历史上也长期形成了欧洲与欧洲以外的"自我—他者"边界观念。这种观念早在重商主义驱动欧洲大陆发现新大陆的对外行为时期就有明确的体现，此后虽然经历世界政治经济的变迁，但是欧洲以外世界的变化要远远超过欧洲内部的变化，而且欧洲以外的世界变化日益强化了欧洲身份的自我认知，塑造欧洲地区特殊的身份同质性。

多边主义实践最早在欧洲萌芽与欧洲地区由来已久的"国家间联合"思想有关，18世纪早期圣-皮埃尔（Abbe de Saint-Pierre）在《给欧洲以永久和平的方案》和《在基督教国家君主间建立永久和平的方案》中完整表达了欧洲国家实现永久和平的可行路径，即建立一个由欧洲各个国家组成的平等基础上的、拥有各国全权代表的常设机构，各国保持其主权相对完整，同时又要部分让渡主权[1]，并且认为国家间联合

---

[1] 参见胡瑾、郇庆治、宋全成：《欧洲早期一体化思想与实践研究（1945~1967）》，山东人民出版社2000年版，第37页。

是进入民族国家时代后产生的可能性，因此明确强调了主权平等与国家间交往的内在联系，说明欧洲国际关系中孕育出多边主义思想与实践的合理性，同时也说明了多边主义经验往往产生于地区的积极价值与不可避免的局限性。

19世纪欧洲多边主义的发展特征是在结束了因法国大革命与拿破仑战争对国际体系产生的冲击后，欧洲大国间维持了基本一个世纪的和平，17世纪中期以来成型于大国交往中的"均势原则"在19世纪演进到"欧洲协调"机制，国家间主动沟通与有条件的和解成为这一时期最活跃的多边主义共识，工业化生产发展基础上的互联互通及其衍生出的相关规范，比如商业的标准化、劳动者权利的保护与实现等，有效生成了政治、经济、社会等领域的多边主义合作，同时也充分反映了专属于欧洲国家发展经验和面临议题的特征，相关的多边主义实践是一种"欧洲中心主义"的实践，与欧洲地区的发展道路密切相关，也带有由欧洲中心向其他地区推广规范的明显单向性，比如1815年维也纳会议提出的禁止黑人奴隶贸易规范，就是由欧洲大国发出倡议并共同认可的。

20世纪上半叶两次世界大战的爆发在一定意义上都是源起于欧洲大国的矛盾而将全世界裹挟进战争的全面冲突，不仅给了欧洲中心主义史无前例的教训，加剧了欧洲的衰落和分裂，与此同时来自欧洲以外世界的竞争者——日本、美国及其围绕远东亚太地区市场的争夺也让欧洲逐渐摆脱了长期主导其观念和行为的世界中心地位优势。欧洲对本地区的发展道路进行反思与修正后，做出非常具有启发意义的调整，欧洲一体化进程从此进入快车道。1929年9月法国总理白里安（Aristide Briand）向国际联盟大会提交《关于建立欧洲联邦同盟的备忘录》（Memorandum on the Organization of a Regime of European Federal Union），明确表示根据目前的政治经济形势，有必要建立一个与国际联盟联系，但是又能避免国际联盟无效的欧洲合作模式，这就是"欧洲联盟"。联盟将建立在成员国各自保持其绝对主权和完全的政治独立基础上，经济上致力于建立共同市场，推进商品、资本、人员的自由流动。[1]尽管法国的倡议在当时遭到了英国、德国的抵制，凡尔赛体系时期的国际关系并没有给多边主义合作提供太多的可能。但是，法国倡议对主权平等原则的强调是多边主义的核心内涵与合作生效的前提，旨在促进互联互通也是 20 世纪以来多边主义合作生成的基本共识，只不过合作始终限制在欧洲范围内的条件也是明确的。1933 年米特兰尼（David Mitrany）的《国际政府的进展》（*Progress of International Government*）一书出版，对欧洲国家间联合影响深刻的功能主义一体化理论（Functionalism in Integration Theory）探索也开始起步。

二战即将结束时，欧洲一体化的共识开始从倡议转为具体的合作规范，因为合作的前提是修补自凡尔赛体系以来造成的欧洲分裂，身份同质性的基础共识也成为欧洲重启多边主义合作不可分割的一部分，法德合作并共同发挥带头作用则是将欧洲共识转化成可操作规范的固有内容。二战后的欧洲一体化进程选择多边主义路径是内外两方面因素作用的结果，外部因素主要是受美国提供的马歇尔计划影响，美国希望通过马歇尔计划增强西欧作为一个整体的实力从而有效遏制苏联。欧洲内部

---

〔1〕 See Trevor Salmon, Sir William Nicoll, eds. , *Building European Union：A Documentary History and Analysis*, Manchester：Manchester University Press, 1997, pp. 9-14.

为了消除两次大战造成的分裂，就必须确保大小国家一律平等，同时有效让渡主权和开展对话，多边主义显然是比大国均势或者其他路径都恰当的选择。1948 年 1 月英国外交大臣贝文发表演说，明确表示为推动战后合作，英国将放弃以大国均势为目标的旧观念，争取实现 "欧洲的统一和保持欧洲作为世界文明中心的地位"〔1〕。这也清楚表达了欧洲多边主义经验的历史演进基础及其身份同质性的固有标签。

　　自从 1952 年正式开启一体化进程以来，欧洲一体化的发展经历了 70 年的变迁，一体化进程无论取得进展还是遭遇挫折都成为国际关系理论思考和实践探索的焦点问题与典型案例，尽管以（新）功能主义、政府间主义为代表的宏观理论也不断演绎出各种逻辑去对欧洲一体化的经验予以解释，但是这些理论还是以认可欧洲经验的针对性和局限性为前提的，并没有像美国的国际关系研究和实践一样一直试图解释普遍性规律。欧洲之所以能从两次世界大战造成空前分裂的国家间关系中建立起超国家的治理模式，身份同质性其实是不可或缺的条件。这也是研究欧洲安全共同体的理论始终无法解释欧洲以外的一体化的尝试与探索的原因。仅就这一点而言，阿米塔·阿查亚将东盟地区经验定义为规范习得结果的 "安全共同体"〔2〕，中国主张的 "人类命运共同体" 都是对参与多边主义合作各方的身份同质性的准确把握，都符合多边主义的解释框架。

　　当然，一体化进程的成果并不能掩饰始终伴随的差异化和

　　〔1〕　Peter Strik, David Weigall, eds., *The Origins and Development of European Union: Reader and Commentary*, London: Pinter, 1999, pp. 54-55.

　　〔2〕　参见 ［加］阿米塔·阿查亚：《建构安全共同体：东盟与地区秩序》，王正毅、冯怀信译，上海人民出版社 2004 年版。

分歧，从 20 世纪 50 年代新功能主义对一体化自我持续性的合作"外溢"解释，[1]到 20 世纪 60 年代开始政府间主义强调成员国的自主性起决定性作用，[2]再到 20 世纪 90 年代经过重构的自由政府间主义明确将多边方式视为欧洲的必然出路，[3]应该说欧洲一体化始终是在"克服危机—重建共识"的反复中前行的，这恰恰说明多边主义不是一劳永逸的结果，而是一种持续演进的政治过程。特别是 2008 年以来接连陷入的主权债务危机、英国脱欧、难民危机，实际反映出一体化经验虽然是欧洲多边主义在战后相当长历史时期内的有效方案，但是不能调和的区域内发展差距（比如西欧与东欧）和价值观裂痕（比如南欧与北欧）在反复挑战维护一体化必不可少的身份同质性，一旦失去这一共识基础，欧洲的多边主义经验也会陷入失灵的境地。身份同质性是欧洲多边主义的催化剂，同时也是助燃剂，脱离身份同质性的欧洲不仅在一体化合作方面要停滞和倒退，甚至可能出现极右倾向的政治风险。

需要指出的是，欧洲遇到的问题与欧洲国家遇到的问题不能简单划等号[4]，特别是冷战结束以来的欧洲一体化进展就在很大程度上与美国霸权主导下的世界政治经济形势演进变得密不可分，制度主义理论对欧洲一体化和多边主义进程的解释

〔1〕 See Ernst B. Hass, *The Uniting of Europe: Political, Social and Economic Forces*, 1950~1957, Standford University Press, 1958.

〔2〕 See Stanley Hoffmann, "Obstinate or Obsolete? The fate of the nation-state and the case of Western Europe", *Daedalus*, Vol. 95, No. 3. , 1966, pp. 862-915.

〔3〕 See Andrew Moravcsik, *The Choice for Europe: Social Purpose and State Power from Messina to Masstricht*, Cornell University Press, 1998.

〔4〕 参见宋新宁："欧洲面临的多重危机"，载《世界政治研究》2020 年第 2 期。

与影响成为无法回避的因素。20 世纪 90 年代以来欧洲一体化的成果就是集中体现为高度制度化的、甚至在新千年后表现为欧盟制度的社会化过程。制度主义的繁荣无可厚非，但是由此取代和稀释了多边主义的消极结果也清晰可见。理性选择制度主义将参与方与欧盟制度之间的所有互动解释为降低成本的最佳选择，事实上抛弃了多边主义的任何进展都离不开协商一致的本质，欧洲一体化的进展也就变成了静态的决策博弈。历史制度主义看重欧洲一体化的历时性政治过程，准确解释了不同欧盟政策和制度的稳定性与造成的路径依赖和政策锁定程度也各不相同。但是如果制度的惯性产生消极影响，甚至发生合作的断裂，哪些路径和选择能重建共识和重启多边主义并不是历史制度主义的研究重点。社会制度主义将欧盟制度与成员国之间的关系解释为制度对成员身份和行为的塑造与重构，与欧洲一体化的身份同质性基础有高度的契合，却由于漠视从未消失的差异性而始终备受批评，特别是在多边主义处于凝聚共识发展阶段的情况下，社会制度主义反而可能刺激政治极化的声音。

　　无论功能主义、政府间主义，还是各种制度主义，他们都试图解释欧洲一体化的最重要决定因素，也就是一体化的最根本动力。他们并不把欧洲一体化视为一个独特的研究领域，也不认为研究欧洲一体化需要专属的方法。[1]欧洲一体化在国际关系研究中的持续热度事实上也在一定意义上反映了多边主义作为基本国际交往形式的重要价值，欧洲多边主义的经验具有的特殊性和一般性从这些理论解释力的变化中也得到了证明。

---

〔1〕　参见［英］安特耶·维纳、［德］托马斯·迪兹主编：《欧洲一体化理论》，朱立群等译，世界知识出版社 2009 年版。

二、美国多边主义经验的排他性

如果说欧洲多边主义的经验还在坚持将实现欧洲成员间的平等作为共识与目标的话，美国的多边主义经验则是通过创造象征性平等的国际制度，以代表权的象征性关系模糊了实际运行中的等级制。换句话说，欧洲多边主义因为始终发生在欧洲地区内，所以在多边主义的三个阶段都遵循主权平等原则。而美国推行的多边主义是发生在地区间差异极大的全球体系中，美国的方式是通过具体的国际制度取代全面的多边主义过程，并且因此造成了多边主义框架下的等级制。[1]

美国多边主义为实现其单向最大化利益的流入而处处根据排他性原则转化基础性共识，实则是公开或者隐蔽地破坏主权平等原则，要么会被其他参与方抵制和反对，要么就是用局部方案加以替代，这也是美国主导多边主义合作中长期存在"搭便车"（free ride）现象的根本原因。20 世纪 70 年代美国新自由制度主义国际关系理论兴起的时候，罗伯特·基欧汉等学者对美国霸权的信心就来自于美国主导的国际制度网络造成的议题联系（issue linkage）会让其他参与方的成本—收益核算无法规避美国的制度安排而不得不选择加入。2014 年 8 月中国国家主席习近平在访问蒙古国时发表演讲，谈中国周边外交，倡亚洲邻国相处之道，明确表示了"中国愿意为包括蒙古国在内的周边国家提供共同发展的机遇和空间，欢迎大家搭

---

〔1〕 See Vincent Pouliot, *International Pecking Orders: The Politics and Practice of Multilateral Diplomacy*, Cambridge University Press, 2016, p. 47.

乘中国发展的列车，搭快车也好，搭便车也好，我们都欢迎"。[1]既明确了中国多边主义主张的开放性，强调其与美国旧多边主义的根本差别，也切中要害地指出了对发展问题的关注才是多边主义成为国际交往基本形式的源动力。在国际关系发展史上，寻找基于主权平等的不同国家和地区的有效发展方式是任何阶段能够生成有效多边主义的共识基础，没有发展就没有和平，更谈不上繁荣，旧多边主义不能消除的地区差距和南北分裂已经成为不得不克服的弊病。

美国外交中根深蒂固的排他性和美国利益优先原则决定了历届美国政府在其认为涉及美国根本利益时，联合国框架下的协商一致就变成了毫无用处的无休止争论，绕开联合国甚至公然违背联合国决议而采取果断行动才是美国的行为规律。比如，20世纪70年代国际格局多极化的发展导致美国操控联合国的时代一去不复返，美国国内反对承担25%联合国会费的声音就持续抛出所谓的改革方案。1975年11月美国国会众议员马休·里兰多提出议案，建议美国对联合国的会费只负担5.6%，依据是美国人口占世界人口的比率。1985年美国国会通过《凯撒巴姆修正案》规定美国支付联合国和其他国际组织的会费不得超过其总额的20%，同时又要求在讨论重要问题时拥有25%的投票权，公然否定联合国大会的一国一票原则。以财政施压来达到操控联合国的目的反映了美国多边主义主张的排他性，主权平等和政治权责不可分割原则在美国的利益优先性目标面前都变得可有可无。

---

〔1〕 习近平："守望互助，共创中蒙关系发展新时代"，载 https://www.fmprc.gov.cn/web/ziliao_674904/zt_674979/ywzt_675099/2014zt_675101/xjpzxdmgg_675167/zxxx_675169/201408/t20140822_7954338.shtml，2021年12月22日。

再比如，20世纪90年代美国借用联合国"预防外交"的理念提出所谓"人权高于主权""人道主义干预"的口号，主张凡是不符合西方民主标准的国家都具有天然的不稳定性，要彻底实现这些国家的无侵略性就必须对其进行民主改造。"9·11"事件后，小布什政府认定"失败国家"是滋生恐怖主义的温床，可以对其发起"先发制人"的打击，甚至在2003年绕过联合国授权，通过战争方式摧毁和重建伊拉克国家。这也是冷战结束后美国依仗权力结构失衡的特殊国际环境，假借联合国多边主义框架实现单极霸权目标的最极端表现。美国把联合国在维持和平事业中形成的基础性共识转化成仅仅符合美国意愿的排他性规范，以美国的民主标准制定规则，企图肆意侵犯别国主权。然而，这种排他性"伪多边主义"终究还是被联合国框架识破和否决了。同样是以联合国的名义发动对外战争，同样是借联合国的多边主义框架提出规范和规则，老布什政府的海湾战争与小布什政府的伊拉克战争在争取联合国授权面前得到的不同结果，事实上也说明了排他性不是真正的多边主义，美国可以借助霸权实施侵犯他国主权的行动，但是不能用排他性绑架多边主义。

2009年奥巴马执政后希望消除伊拉克战争对美国国际威望的损害，著名智库华盛顿战略与国际研究中心曾经在一份研究报告中强调美国必须摒弃将联合国视为"过时的工具"的观念，建立新多边主义，与联合国合作解决包括气候变化、全球健康、人道主义危机等在内的全球性问题。[1]与联合国合

---

〔1〕 See CSIS Commission on Smart Power, Investing in a New Multilateralism: A Smart Power Approach to the United Nations, 载 http://www.csis.org/media/csis/pubs/090128_ mendelson-forman_ un_ smartpower_ web. pdf, 2021年12月29日。

作就需要与多极力量的大国协商一致，这与美国主导的多边主义方案中突出的排他性原则却是难以相容的，因此也始终无法成为美国政府的现实选择。仅以美国与联合国人权理事会的互动为例，自 2006 年联合国人权理事会成立以来，美国经历了三年抵制（2006~2009 年）、一次退出（2018 年）、两次重返（2009 年、2022 年）的反复无常外交，足以说明"与联合国合作的新多边主义"并不是美国政府的基本原则，"霸权国推卸责任"实则是导致多边主义制度失灵的关键原因。

美国多边主义主张的排他性具有明确的议题指向和参与方指向。议题方面，以美国自 1970 年第一次在联合国安理会投否决票以来的 50 年（1970~2020 年）行使否决权记录来看，[1]美国全部 81 次否决权行使要么是美国单独进行（57 次），要么就是与英国、法国两国共同行使（24 次）。美国单独行使否决权的议题中有 41 次是关于中东局势或阿拉伯国家被占领土问题的，充分说明了美国在这两个议题上始终明确的立场是为实现本国诉求不惜排斥任何不同参与方的主张而破坏联合国框架下的协商一致。但是在多边贸易安排议题上，无论是关税与贸易总协定的时代还是世界贸易组织时期，美国遇到的不同声音不仅来自发展中世界而且与同为工业化国家的西方经济伙伴也有诸多摩擦，美国却从二战后至今都没有放弃主导相关谈判的进程，并且不断设计排他性规则，旨在维护利益单向最大化流动的多边制度。

参与方层面，美国也是在多边主义框架之内或者之外都不放弃排斥不同意见的其他方，比如联合国早期运行的 20 世纪

---

〔1〕 根据联合国官网统计数据做出的分析，载 https://www.un.org/security-council/zh/content/veto-usa，2021 年 12 月 29 日。

五六十年代,苏联只能以频繁动用否决权抵制美国,1973 年以前在联合国的 128 次否决权投票中,美国与苏联的投票比例是 4∶109。但是此后,美国为应对多极化格局的新形势,反而成了联合国安理会里的否决权使用最多大国,1973~1986 年间美国与苏联的动用否决权比例变为 54∶8[1],意识形态左右美国投票行为的意图清楚可见。再比如,1983 年以后美国国务院每年都向国会呈交年度联合国投票行为报告,联合国内美国获得的投票一致率成为影响美国与相关国家外交关系的重要指标之一。2020 年报告中统计的 2019 年联合国大会 31 项"重要议题"全年投票行为中,与美国保持 60% 以上高一致率的国家有 50 个,与美国投票一致率低于 30% 的国家有 15 个,其余国家与美国的投票一致率都在 30%-60% 之间。[2]美国对投票一致率的分析与其外交行为有明确的联系,这也是美国在联合国系统中动辄以排他性取代开放性原则的重要原因。2017 年 1 月美国驻联合国代表妮基·黑莉就公开表示,"我们在联合国的目标是展示美国的价值观,展示美国价值观的方式是展示我们的力量","对于那些不支持我们的人,我们将记下他的名字,并做出相应的反应"。[3]

美国多边主义的排他性是以美国的权力优势为基础,以美

〔1〕 参见刘金质:"美国与联合国",载《国际政治研究》1995 年第 3 期。

〔2〕 "Voting Practices in the United Nations, 2020",载 https://www.state.gov/wp-content/uploads/2021/11/Report-Voting-Practices-in-the-United-Nations-2020.pdf,2021 年 10 月 30 日。

〔3〕 Somini Sengupa, "Nikki Haley Puts U.N. on Notice: U.S. Is 'Taking Names'", *The New York Times*, January 27, 2017, Jennifer Hansler, "Nikki Haley: The US is 'taking names' on Jerusalem resolution",载 https://edition.cnn.com/2017/12/20/politics/nikki-haley-taking-names-on-jerusalem/index.html,2022 年 3 月 27 日。

国利益优先为目标的。特朗普执政时期对奥巴马的进取性多边主义（assertive multilateralism）仅限于从幕后控制（leading from behind）联合国的做法十分不满，2017 年 12 月特朗普政府的《美国国家安全战略报告》明确提出，美国将在多边组织中实施竞争和进行领导，以保护美国的利益和原则。[1]至于接连退出联合国教科文组织、人权理事会、《巴黎协定》的做法则是彻底表明了美国将是否执行规则仅仅作为讨价还价的工具的真实意图，需要说明的是，相关做法直接破坏的是多边主义的政治权责不可分割原则，虽然会造成多边制度的失灵，但是并不能从根本上否定多边主义业已形成的共识。拜登执政后陆续回到相关多边制度的政策选择进一步证明了多边主义是一种不断演进的政治过程，一定时期内或者一定议题领域内表现为某些参与方利益实现的工具也属于多边主义正常的效用。

通过排他性规则实现美国收益的最大化是美国多边主义的不变规律，因此美国并不排斥多边主义本身，无论是二战后塑造自由国际秩序还是冷战后维护世界霸主地位，美国在每个阶段都借助了多边主义安排，从联合国到亚太经合组织，再到二十国集团，包括拜登政府试图组建的扩展版民主俱乐部。这些多边主义安排的参与方不同、议题领域不同，具体规范和规则也不同，但是能够得到美国支持的前提是相同的，即美国要有绝对的主导权，不利于美国保持优势的议题和参与方则会成为美国排他性规范和规则针对的目标。

---

〔1〕 The White House, *National Security Strategy of the United States of America*, *December* 2017, p. 4, 载 https://www.whitehouse.gov/wp-content/uploads/2017/12/NSS-Final-12-18-2017-0905.pdf, 2017 年 12 月 30 日。

三、多边主义与认知革命

二战后的国际关系互动离不开多边主义实践，美国的霸权优势和所谓自由国际秩序的确立也是在多边主义框架下实现的，相应的国际关系理论知识生产同样反映的是对美国主导国际制度体系和维护霸权优势的经验的理论化过程。在这个过程中，美国的国际关系理论创新先后实现了对20世纪30年代的欧洲国际关系理论和20世纪70年代、90年代的美国国内理论的三次认知革命，在取得理论创新和繁荣的同时，也进一步强化了美国国际关系理论对结构主义的偏好，巩固了国际关系理论生产的"中心—边缘"结构。认知革命是对学科研究问题和方法的自我重新定义，革命的发生需要两个条件：一是研究者要有对任何一种理论都是地区知识的自我意识，二是对世界政治经济变革的现实关切。21世纪以来，美国主流理论以外的"边缘"地区发生了有效的认知革命和国际关系理论创新，英国学派的安全研究和国际关系理论的"中国学派"都是典型代表。美国国际关系理论局限于对自由国际秩序和霸权复兴的争论而背离了多边主义的开放性原则，明显出现理论"中心"地位的坍塌。坚持真正的多边主义，重启有效的国际合作是当今世界国际关系理论和实践创新的共同需要。

（一）多边主义是国际关系实践的根本驱动力

多边主义源起于19世纪初欧洲大国在历经拿破仑战争之后恢复欧洲权力平衡基础上产生的"欧洲协调"实践。权力平衡即"均势"原则，经过19世纪后期的"大陆和解"尝试和第一次世界大战的冲击后，演进到"集体安全"模式。集体安全把欧洲主导时代的均势原则改造成1∶N的权力平衡，美国经验中的结构主义就被嵌入其中。第二次世界大战后，为了解决国际联盟实践中集体安全赖以维系的"集体制裁"失灵难题，通过联合国常任理事国的制度设计明确了大国责任，与此同时，多边主义作为避免歧视性国际安排的基本国际交往形式开始具有了更为广泛的理论和实践基础。

多边主义作为二战后国际交往的基本形式对美国以外的国家和地区实现发展起着更为决定性的作用。多边主义以主权平等和开放性原则为基础，无论是否存在美国霸权主导的国际制度体系，战后世界政治经济发展的任何一个领域都离不开多边主义的作用。中华人民共和国恢复联合国合法席位，加入世界贸易组织，倡导"人类命运共同体"都是坚持多边主义而取得的历史成就。中国国际关系理论界的知识生产正是因为有了对"中心—边缘"的同等关切才能在不足 20 年的时间里实现从争论是否需要"中国学派"到成为"构建全球国际关系"中的重要一部分的演进。中国的发展经验和成就都离不开多边主义，"越开放，越向上"[1]的中国声音不仅回答了世界对中国的观望，也解释了美国霸权衰落的根源。

（二）认知革命是国际关系理论创新的推动力

认知革命（cognitive revolution）被作为研究对象源起于冷战结束初期心理学领域对其二战后学科理论体系的反思和重构。所谓认知革命，即一个学科对自己进行"重新界定"，明

---

〔1〕"越开放，越向上"，载人民日报客户端 http://wap. peopleapp. com/article/6351545/6240770.

确新的研究方向和研究主题的过程[1]，革命的动力源于对现实问题的回答，可能来自学科内部的知识生产，也可能来自外部的冲击、启发或者借鉴[2]，因此是任何学科赖以创新和变革，继而获得持续发展的基本动力。与心理学使用认知革命这个概念几乎是同一时期发生的乔姆斯基"语言学革命"对 20世纪的人文社会科学影响之深刻已经得到普遍认可。不难发现，国际关系学科的理论研究和知识生产也是在几次重要的认知革命推动下完成的，而认知革命的发生取决于两个基本条件：一是研究者要有任何理论成果都是一定范围和一定时期内的地区知识的自我意识，而不能将其视为解释世界的普遍永恒真理；二是研究者要保持对现实问题的关切，能够依据现实问题的变化调整理论研究的主题和方法，以不断完善理论的解释力。

表 2：二战后世界国际关系理论发展的五次认知革命

认知革命发生的时间及背景	原有理论的假定	更新后的假定	理论创新成果
20 世纪四五十年代二战结束	权力政治是历史规律	权力决定利益是国际政治学科区分于历史学的边界	"体系—单元"二分的结构主义

---

〔1〕 See George. A. Miller, " The Cognitive revolution: a historical perspective", *Trends in Cognitive Sciences*, Vol. 7, No. 3., 1990, pp. 141-144. 李其维："'认知革命'与'第二代认知科学'刍议"，载《心理学报》2008 年第 12 期。
〔2〕 参见周静、谢天、张掌然："认知革命真的发生了吗?"，载《天津社会科学》2013 年第 4 期。

续表

认知革命发生的时间及背景	原有理论的假定	更新后的假定	理论创新成果
20世纪70年代国际格局多极化	无政府状态必然导致国际冲突	无政府状态促使国家更多选择制度约束下的国际合作	"新—新"论战
20世纪90年代冷战结束	无政府状态的内涵是既定的	无政府状态的内涵是互动的结果	研究"结构—施动者"互动的建构主义
21世纪第一个十年"9·11"事件	美国霸权结构的稳定性	实践过程产生意义	实践逻辑的存在
		国际安全结构的地区主义	新安全观
		发展道路不是霸权国供应的	中国学派
21世纪第二个十年新兴经济体崛起	自由国际秩序即世界秩序	美国世界秩序的终结	构建全球国际关系
		施动者的主体性革命	过程化的世界秩序
		真正的多边主义	构建人类命运共同体

资料来源：笔者自制。

　　就国际关系学科而言，自二战结束以来主要发生了五次代表性认知革命，分别是：①二战结束初期美国对欧洲国际关系理论的认知革命，通过更新"权力政治是历史规律"的欧洲理论假定，明确了以权力界定利益是国家行为选择的决定性力量。②20世纪70年代美国国内发生"新—新"论战，无政府状态必然导致冲突的基本假定被更新为无政府状态促使国家更多选择制度约束下的国际合作。这次认知革命的发生是多边主义兴起的重要成果，也是制度主义在美国国内逐渐被等同于多边主义的开端。③20世纪90年代，美国国内的理论创新否定了无政府状态有既定内涵的假定，也是认知革命在美国盛极而衰的转折点。④进入21世纪，美国以外地区的认知革命共同指向了美国国际关系理论的核心——霸权稳定论，美国理论的中心地位开始坍塌。⑤21世纪的第二个十年，自由国际秩序仍然是美国理论的幻想，美国以外的认知革命则使全球治理体系变革的方向日益清晰化。

1. 美国的战后优势地位与第一次认知革命

首先来看二战结束初期由美国发起的认知革命。美国的国际关系理论研究是在20世纪40年代抢跑欧洲古典现实主义和英国学派的，与二战后初期美国逐步借助其实力优势设计和掌控世界政治经济制度体系有必然的因果关系。欧洲学者在两次世界大战之间的20世纪30年代就对权力与国际政治的关系予以了系统的理论化，爱德华·卡尔的《二十年危机（1919~1939）——国际关系研究导论》与马丁·怀特的《权力政治》，都是从对永久和平存在各种幻想的欧洲传统理想主义中剥离出以权力本质为基石的国际政治理论的开山之作，但是这些努力由于受到二战爆发的现实冲击，并没有在欧洲国际关系理论研究中形成充分的地区自我意识。与之相比，二战后美国国际关系理论的成长倍速显然是美国经验的地区知识的自我意识与对战后美国权力优势地位的现实关切相互推助的结果，这在汉斯·摩根索的《国家间政治：权力斗争与和平》中有明确体现，1946年《国际组织》杂志的创刊则是从权力之外开启了认知革命。

　　美国的经验是靠政治上的联合国框架和经济上的布雷顿森林体系确立稳定的权力格局，所以20世纪四五十年代的美国国际关系理论成果主要体现为"以权力界定利益"的古典现实主义和基于"人性恶"论断的"层次分析"研究。[1]层次分析对于认识国际政治与非国际政治的边界区别具有重要的历史价值，但也同时强化了美国霸权赖以维持的结构性优势。从这个意义上说，美国国际关系理论的结构主义偏好就是从古典现实主义起步，到肯尼思·华尔兹提出新现实主义理论时得以进一步固化的。美国国际关系理论对欧洲学者的权力政治研究做了"权力决定利益专属于国际政治学科"的重新定义，将欧洲国际关系理论的知识生产依托于历史学的传统进行了颠覆，转而在"体系—单元"的路径上大步迈进，由此产生的认知革命意义使美国的国际关系理论成果产出速度和传播效果都获得了倍速的增长。不可否认，这些理论成果对于确立国际关系学科的边界至关重要，可以将其视为美国国际关系理论的第一个收获期，成功将世界国际关系理论生产的前沿从欧洲转移到美国。

　　本书将美国国际关系理论的发展视为基于美国历史和经验的地区知识生产，因此不能接受美国国际关系理论是沿着"四次论战"的主线演变的观点，而是将其视为美国国际关系

---

[1] See Han Morgenthau, *Politics Among Nations: The Struggle for Power and Peace*, Columbia University Press, 1948. Kenneth Waltz, *Man, the State and War: A Theoretical Analysis*, Columbia University Press, 1959.

理论界经过有效的认知革命而实现理论繁荣的三次收获期。美国学界认为其国际关系理论的发展是沿着"四次论战"推动的，分别是指：两次世界大战之间的"道德与权力之争"，20世纪五六十年代的"传统与科学之争"，70年代的"权力与制度之争"，冷战前后的"制度与文化之争"。[1]这一主线明显反映出美国国际关系理论的知识生产缺少对美国经验仅仅是地区知识的自我意识，完全以其霸权中心地位的现实关切取代了对世界政治经济的整体发展和变动的缜密思考，因此也预示着认知革命的发生需要真正的多边主义，而不是多边主义的替代品。

2. 第二次认知革命与"新—新"论战的理论制高点

美国国际关系理论在标定结构主义新方向的同时舍弃的所谓结构主义国际政治学科边界以外的声音和研究视角并不会因为研究者的忽视而退出历史舞台。研究者大多是教育者，研究者自己却也会被历史和现实"教育"。20世纪70年代国际政治多极化格局成为事实，日本实现战后经济复兴，西欧通过一体化崛起，阿拉伯石油集团则以单一价格战进行有效的讨价还价，美国经验稳定维持了近二十年的结构繁荣被打破，如何认识和评判当时的国际关系变革也就成为新的理论生长点。结构现实主义的强势崛起与各式各样霸权理论的延展成为美国国际关系理论研究的第二个收获期，由于结构主义的作用在知识生产和现实国际政治中得到双重印证，美国国内随即形成了一轮有效的学术争论和对话，这就是著名的"新—新"论战，前者的代表作是新现实主义肯尼思·华尔兹的《国际政治理论》，后者的代表作是新自由制度主义罗伯特·基欧汉的《霸

〔1〕 参见［美］彼得·卡赞斯坦、罗伯特·基欧汉、斯蒂芬·克拉斯纳编：《世界政治理论的探索与争鸣》，秦亚青等译，上海人民出版社2018年版，第6页。

权之后：世界政治经济中的合作与纷争》。新自由主义向"无政府状态必然导致冲突"的现实主义假定发起了认知革命，提出了"无政府状态促使国家更多选择制度约束下的国际合作"的新假定，从而解释了 70 年代以后美国霸权并未衰落，但是各种形式的国际合作特别是国际制度体系支撑的合作迅速发展的新世界政治经济现实。

"新—新"论战可以说是美国国际关系理论发展史上最功不可没的制高点，因为这种论战而形成的势能和惯性延续着美国国际关系理论研究的思想开放和声音多元传统，直至冷战前后迎来美国国际关系理论繁荣的第三个收获期。当然，知识生产和理论创新仅靠势能和惯性的维持是不够的，这也是最近十年间美国国际关系理论研究界同样热切期盼认知革命的原因。关于认知革命从何而来，后文再叙，这里需要强调的是，"新—新"论战的成功正是得益于美国国内的思想开放和声音多元，无论现实主义阵营内部以霸权周期、霸权循环为代表的充分论证[1]，还是现实主义对新自由主义的制度理论进行的有力批判[2]，都让这两个学术偏好上的理论研究者们进一步明确了地区知识的自我意识和他们对多极化现实的关切。这些地区知识是属于美国的经验，接受了多极化格局的美国也因此

---

〔1〕　See A. F. K. Organski, Jacek Kugler, *The War Ledger*, University of Chicago Press, 1980. George Modelski, *The Long Circles in World Politics*, Seattle: University of Washington Press, 1987. Robert Gilpin, *US Power and the Multinational Corporation: The Political Economy of Direct Investments*, New York: Basic Books, 1975.

〔2〕　参见［美］约瑟夫·格里科："无政府状态和合作的限制：对新自由制度主义的现实主义批评"；"新自由制度主义的限度和现实主义理论的未来"，载［美］大卫·A. 鲍德温主编：《新现实主义和新自由主义》，肖欢容译，浙江人民出版社 2001 年版。

获得了霸权地位的巩固，中美建交正是这一时期美国知识精英智慧的选择，排他显然不能成为大国交往之道。然而，美国理论的繁荣也在同时压制着美国以外的声音，比如这一时期英国学派的"国际社会"研究已经趋于成熟，赫德利·布尔对"无政府状态"概念的批判和系统论证[1]也开始准确颠覆美国理论对其赋予"无政府必然无秩序"内涵的基本假定。但是，在全球国际关系知识生产的市场上，英国学派的进展是不足以改变美国国际关系理论的"中心"地位的。英国学派的历史叙事与美国理论研究中崇尚的结构主义简约风格相比，在理论争辩和传播效果方面也稍显逊色。随着美国同一时期在计算技术领域的突破，计算机模拟和定量分析的方法对国际关系研究的推动作用也十分明显，特别是单元层次的外交决策研究在 70 年代进入了模型化的阶段，这就进一步强化了体系层面"新—新"论战双方的理论高度简约化。当然，删繁就简的同时也意味着更多重要的声音和视角被摈弃和边缘化。

3. 美国理论界的边缘声音与第三次认知革命

"中心—边缘"的分裂和对立其实也是结构主义固有的属性，只不过结构主义研究往往只关注中心而忽略边缘，背离了真正的结构主义在方法论意义上的开放性原则。[2]认知的变化是缓慢的，但是终究会有"水滴石穿"的思想突破出现。如果说 20 世纪 80 年代是属于新自由制度主义的繁荣，80 年代末来自美国内部的边缘声音就发起了有意义的认知革命。

---

〔1〕 See Hedley Bull, *The Anarchical Society: A Study of Order in World Politics*, Columbia University Press, 1977.

〔2〕 参见［瑞士］皮亚杰：《结构主义》，倪连生、王琳译，商务印书馆1984 年版，第 121 页。

1987 年温特的《国际关系理论中的行动者—结构问题》，1989
年德斯勒的《行动者—结构辩论中至关重要的问题》，1992 年
温特的《无政府状态是国家建构的：权力政治的社会建构》
先后发表在《国际组织》杂志上，开启了美国国际关系理论
研究的"建构主义"繁荣阶段。

此次认知革命颠覆了"新—新"论战双方赋予"无政府
状态"既定内涵的基本假定，开始将与体系结构互动的行为
体视作具有能动性的"施动者"，希望充分解释"体系—单
元"的互动，从而弥补结构决定论的不足。研究"结构—施
动者"的互动虽然并未摆脱美国权力优势对其国际关系理论
知识生产的塑造，但是已经在现实关切方面准确把握了冷战结
束前后世界政治经济中权力结构的松动和变化。我们一方面充
分肯定这一时期美国国际关系理论的创新和进展，另一方面也
只能将其定义为"新—新"论战后的势能和惯性成果，因为
美国知识精英关注的研究问题始终是美国权力优势造就的结构
稳定性和美国主导的国际制度体系运行依赖的规范、规则的有
效性问题，并未发展到希望倾听"非西方世界"的声音的阶
段，这也符合理论发展都是地区知识的自我意识与现实关切共
同推动的结果的基本规律。比如，英国著名国际政治经济学理
论家苏珊·斯特兰奇早在 1988 年出版的《国家与市场：国际
政治经济学导论》中就已经非常系统地颠覆了美国霸权倚赖
的结构决定论，将国家与世界市场的有效互动视为国际关系知
识生产的核心问题，在把美国理论起点的"权力决定利益"
归结为"联系性权力"的同时，提出了对国家与市场关系的
有效工具，即以安全、生产、金融、知识为代表的"结构性
权力"。事实证明，美国国际政治经济学界以罗伯特·吉尔平

为代表的《跨国公司与美国霸权》仅仅能解释2018年特朗普发动贸易战的行为背离了美国霸权的基础，而苏珊·斯特兰奇的理论才更完整地说明了2018年贸易战其实是四种结构性权力中固有的矛盾。这也是验证美国国际关系理论作为地区知识的典型案例，同时也说明了被美国国际关系理论"中心"地位压制和忽视的"边缘"声音中，不乏更具解释力的系统理论，苏珊·斯特兰奇的研究就是其一，并且斯特兰奇的理论成就正是来自于她对美国霸权理论进行的质疑和认知革命。

20世纪90年代是属于建构主义研究的辉煌，既有温特《国际政治的社会理论》对"新—新"融合的本体论宣战，也有玛莎·芬尼莫尔《国际社会中的国家利益》对国际规范如何从体系结构传授给施动者的经典论证，再到阿米塔·阿查亚《建构安全共同体：东盟与地区秩序》将施动者如何自主学习规范而产生结构性成果的研究。在世纪之交的时候，建构主义已经顽强生长为美国国际关系理论研究的新高点。尽管这个新的理论生长点产生的动能和高度在美国国内没有超过70年代的"新—新"论战，但是这一时期的地区知识的自我意识和对现实世界政治经济的关切已经随着2001年"9·11"事件的发生来到了新的历史阶段。"9·11"恐怖袭击颠覆了美国知识精英对本土安全的认知，进而引发了美国国际关系理论研究中地区知识的自我意识觉醒，具体表现为已经有美国学者对美国理论和经验作为地区知识的局限性进行反思，开始了对美国中心以外的边缘声音和理论的研究兴趣。2006年出版的现实主义代表人物斯蒂芬·沃尔特的《驯服美国权力：对美国首要地位的全球回应》、建构主义和自由主义代表人物卡赞斯坦和基欧汉编著的《世界政治中的反美主义》分别代表了三大主流理论从美国以外看美国的研究成果，[1]尽管研究的立意很可能还是为美国霸权的存续寻求出路，思想开放和声音多元的传统在这几位美国国际关系理论发展史上的中流砥柱式人物身上还是有清楚的表现。特别是卡赞斯坦 2005 年的专著《地区构成的世界：美国帝权中的亚洲和欧洲》，[2]可以被视为与结构主义拉开距离的尝试，然而这些理论创新的尝试还是不能准确反映 21 世纪的第一个十年里世界政治经济发生的现实变化，美国国际关系理论界开始明显缺乏认知革命的动力了。国际关系理论和实践的“中心”地位还是属于美国，只不过“边缘”地区所发生变化的意义没有受到美国国际关系理论界的足够重视，美国知识精英对结构主义的偏好及其局限性暴露无遗。

4. 第四次认知革命及其多元理论成果

21 世纪第一个十年的国际关系理论成就属于“边缘”地区，那里发生了非常有价值的认知革命，也是国际关系理论史上首次出现多元成果的第四次认知革命，代表性理论创新有三个，即北美学界的实践理论、英国学派的安全理论，以及“中国学派”。

第一个代表是美国国内的理论“边缘”——美加（拿大）学术共同体及其国际实践研究。不可否认这个十年里美国传统政治研究的东西两海岸知识精英们在法学传统与定量分析两个方向上齐头并进取得的理论成果，但是具有认知革命意义的理

---

〔1〕　See Stephen Walt, *Taming American Power: The Global Response to U. S. Primacy*, W. W. Norton & Company, 2006. Peter Katzenstein, Robert Keohane, *Anti-Americanism in World Politics*, Cornell University Press, 2006.

〔2〕　See Peter Katzenstein, *A World of Regions: Asia and Europe in the American Imperium*, Cornell University Press, 2005.

论创新还是属于"明尼苏达学派"及其北延的"美加学术共同体"。伊曼纽尔·阿德勒和文森特·波略特的"国际实践"研究作为其代表性成果，颠覆了美国国际关系理论研究赖以辉煌的结构主义，完全从"主体间性"（intersubjectivity）的视角认识国际行为体的互动，并且强调实践过程的意义。实践逻辑（logic of practice）[1]也成为继三大主流理论遵循的结果性逻辑（logic of consequences）和适当性逻辑（logic of appropriateness）之外的新范式，是真正意义上的认知革命。温特对"无政府状态"的质疑就是从明尼苏达的学术传统中生长起来的，所以这一分支的认知革命与创新成就属于美国国内的"边缘"。与此同时，美国国际关系理论的主流学者也做出了重要的努力，2007年阿查亚和英国学者巴里·布赞组织发表的"非西方理论"的研究项目[2]，敏锐地把握了美国以外的亚洲学者的理论关注和突破，形成了具有认知革命意义的"准全球"学术共同体。但是，这个学术共同体的认知革命和创新成果来自美国以外，主要代表是英国学派的新一代领军人物巴里·布赞及其安全研究，以及中国国际关系理论研究的

---

〔1〕 See Vincent Pouliot, "The Logic of Practicality: A Theory of Practice of Security Communities", *International Organization*, Vol. 62, No. 2, 2008, pp. 257–288. 此后还有美国学者提出"习惯逻辑"（logic of habit）和德国学者"论辩逻辑"（logic of arguing）作为对美国主流理论假定的替代，但是没有及时出现系统的理论论证。See Ted Hopf, "The Logic of Habit in International Relations", *European Journal of International Relations*, Vol. 16, No. 4, 2010, pp. 539–561. Holger Janusch, "Normative Power and the Logic of Arguing: Rationalization of Weakness or Relinquishment of Strength?" *Cooperation and Conflict*, Nol. 51, No. 4, 2016, pp. 504–521.

〔2〕 See Amitav Acharya, Barry Buzan, "Why is There no Non-Western IR Theory: Reflection on and from Asia: An Introduction", *International Relations of the Asia-Pacific*, Vol. 7, No. 3., 2007, pp. 287–312.

"中国学派"。

第二个代表性理论创新来自源于欧洲地区知识和经验的英国学派。作为美国以外国际关系理论研究认知革命的先驱，英国学派也是在地区知识的自我意识与对世界政治经济变革的现实关切相互推助下发展的，其延续和突破同样得益于思想开放和声音多元的规律。巴里·布赞与欧洲大陆学者争论继而合作的安全研究是其中最典型的代表，"安全化""人的安全"理论成果的出现既回答了像"无政府状态"的真实内涵这样的基础问题，又更为贴近现实地解释了冷战结束后的国际关系互动方式，有效证明了地区主义的安全理论是结构主义之外的另一种国际关系理论系统化发展路径。巴里·布赞不仅在这样的理论探索中完整梳理和凝练了英国学派的学术成就，[1]而且更清楚地解释了以美国为中心的国际关系话语建构过程，进而在这样的认知革命基础上重新评价了美国和欧洲以外的世界其他地区的发展方式和经验。这样的认知革命才促使他与阿查亚合作组建了一个新的学术共同体，不仅对"构建全球国际关系"的可能性和重要价值有了明确的认识，而且提出后西方世界秩序的出现离不开"深度多元主义"[2]。

第三个代表性理论创新是"中国学派"。从最初对美国建构主义理论的引介和批判基础上颠覆美国理论的"无政府状态"假定开始，中国国际关系理论研究就始终对"发展道路

---

〔1〕　See Barry Buzan, Richard Little, *International Systems in World History*: *Remaking the Study of International Relations*, Oxford University, 2000. Barry Buzan, Lene Hansen, *The Evolution of International Security Studies*, Cambridge University Press, 2009.

〔2〕　［加］阿米塔·阿查亚、［英］巴里·布赞：《全球国际关系学的构建：百年国际关系学的起源和演进》，刘德斌等译，上海人民出版社2021年版，第286页。

是否只有霸权供应一种选择"的西方理论进行着认知革命的探索。随后发展到对构建国际关系理论的"中国学派"可行性及具体路径的争论，再到"道义现实主义""关系本体论""天下体系"作为中国国际关系理论创新的成果被世界认可，形成了有效的国际传播和争论，[1]中国国际关系理论研究的认知革命其实是完成了从 20 世纪 90 年代开始的中国认识世界→世界了解中国→"中西认知互构"的完整过程。这本身就是一场认知革命，是中国知识精英思考"为什么不能有非西方理论?"的中心—边缘结构，进而对"中国经验能不能成为理论?"的最有效回答。当然，中国学派探索的过程不止十年，基本是到了 21 世纪的第二个十年才完成认知革命和取得系统的理论成果的，与此同时，美国国内对 2010 年后世界政治经济发生的结构性变革也产生了巨大的怀疑，美国国际关系理论界关于"自由国际秩序"幻灭的争论延续了前后十年，却因为背离思想开放和声音多元的传统而终究没有出现有效的认知革命。

5. 美国理论中心地位的坍塌与第五次认知革命

21 世纪的第二个十年，国际关系理论研究被美国声音长期占据的"中心"地位清楚显现出坍塌，这与美国国际关系理论界并未对"美国历史和经验仅仅是属于战后美国的地区

〔1〕 See Yaqing Qin, *A Relational Theory of World Politics*, Cambridge University Press, 2018. Tingyang Zhao, *Redefining A Philosophy for World Governance*, Palgrave Pivot, 2019. Xuetong Yan, *Leadership and the Rise of Great Powers*, Princeton University Press, 2019. Shiping Tang, *The Social Evolution of International Politics: From 8000 B. C. to the Future*, Oxford University Press, 2013. Amitav Acharya, "From Heaven to Earth: 'Cultural Idealism' and 'Moral Realism' as Chinese Contributions to Global International Relations", *The Chinese Journal of International Politics*, Vol. 12, No. 4., 2019, pp. 467–94.

知识"形成充分的自我意识有关。就现实关切而言，美国国际关系理论界也缺乏对美国以外地区和国家的发展经验进行客观思考和准确判断的开放性。关于美国霸权的核心——自由国际秩序是否能维系的问题，无论持乐观观点的伊肯伯里，还是持悲观态度的米尔斯海默，[1]都没能形成自由国际秩序仅仅是美国一定历史时期的地区经验的自我意识，更缺少了对世界政治经济变革的现实关切和缜密思考。美国国内认知革命乏力的局限性暴露无遗，曾经在"新—新"论战和冷战后美国国际关系理论研究中发挥重要作用的主流学者们，无一例外都是在为美国霸权辩护和背书。比如，冷战结束初期明确批判美国"管制式资本主义"弊病的安·玛丽-斯劳特，到了奥巴马政府时期完全改变了立场，对美国制度体系支撑的自由国际秩序表现出无视现实的盲目乐观。[2]罗伯特·基欧汉提出的"竞争性多边主义"实则是肯定美国主导国际制度体系的优势而不谈"多边主义"被"美国例外论"破坏的政治权责不可分割原则。[3]还

---

〔1〕 See John Ikenberry, *Liberal Leviathan: The Origins, Crisis and Transformation of the American World Order*, Princeton University Press, 2011. John Mearsheimer, *The Great Delusion: Liberal Dreams and International Realities*, Yale University Press, 2018. John Ikenberry, *A World Safe for Democracy: Liberal Internationalism and the Crises of Global Order*, New Haven: Yale University Press, 2020.

〔2〕 See Anne-Marie Burley (now Slaughter), "Regulating the World: Multilateralism, International Law, and the Projection of the New Deal Regulatory State", in John Gerard Ruggie, *Multilateralism Matters: The Theory and Praxis of an Institutional Form*, New York: Columbia University Press, 1993, p.126. John Ikenberry, Ann-Marie Slaughter, "Forging the World of Liberty under Law, US Strategic Security in the 21st Century - Final Report of the Princeton Project on National Security", 2006, 载 www. princeton. edu/ ~ ppns/ report/ FinalReport. pdf, 2021 年 11 月 17 日。

〔3〕 See Julia Morse, "Robert O. Keohane. Contested multilateralism", *Review of International Organization*, Vol. 9, No. 4., 2014, pp.385-412.

有很多著名学者的中国研究也是以"战略多边主义"等虚假的概念表达其现实主义观点，[1]至于硬核现实主义兜售"修昔底德陷阱"宣扬大国冲突而决口不提"亚特兰蒂斯文明"中的合作共赢更是其理论创新停滞和知识生产枯竭的表现。

需要说明的是，美国国际关系理论研究的体系层次偏好与话语霸权不仅压制了美国以外的声音，美国国内的理论成果如果不强调结构主义，也是被边缘化的。比如，就地区知识的理论自觉而言，亚历山大·温特2015年出版的《量子心灵与社会科学》已经对结构主义本体论进行了彻底颠覆，却没能将美国国际关系理论界论战的焦点从"自由国际秩序"上转移出来。[2]温特认为旧有的本体论是一种束缚人性的结构权力，应该根据量子物理重新理解人的主体性，主体性在内在的意义上是关系性的，基于这种主体性认知的国际政治才会更有合作性和主观能动性。该书出版于2016年民粹现实主义强势回归美国政治之前，如果美国国际关系学界能够产生充分的地区知识的理论自觉，"中心"地位的坍塌其实是可以避免的。再比如，就对世界政治经济变革的现实关切而言，研究中国政治与外交有40年历史之久的布兰特利·沃马克在2016年出版的《非对称与国际关系》[3]中有效引入了"主体间关注度"变

〔1〕 See Alastair Iain Johnston,"China is a world of orders: rethinking compliance and challenging in Beijing's international relations", *International Security*, Vol. 44, No. 2, 2019, pp. 9-60. Scott L. Kastner, Margaret M. Pearson, Chad Rector, *China's Strategic Multilateralism: Investing in Global Governance*, New York: Cambridge University Press, 2018.

〔2〕 See Alexander Wendt, *Quantum Mind and Social Science: Unifying Physical and Social Ontology*, ambridge University Press, 2015.

〔3〕 参见［美］布兰特利·沃马克：《非对称与国际关系》，李晓燕、薛晓芃译，上海人民出版社2020年版。

量解释国家间互动，是对 2008 年金融危机后美国经验的地区局限性和世界政治经济变革进行深刻反思的理论总结。但是因为研究层面偏向单元和微观决策者，尽管呼应了罗伯特·杰维斯的个人层次研究，也超越了米尔斯海默的结构现实主义理论中仅仅作为干预变量提出的"意图"[1]，却终究无力推动美国国际关系理论研究界的认知革命。

　　与美国国际关系理论研究"中心"地位坍塌形成鲜明对比的是"边缘"地区认知革命和理论创新的活跃。以阿德勒为代表的"美加学术共同体"已经从认知革命的角度重新评估了世界秩序的本体论意义[2]，而不是固步自封地论证自由国际秩序的有效性。阿德勒特别强调规范与认知的双重意义对实践共同体的形成及其行为的塑造，因此他对包括全球卫生问题领域在内的案例研究都进行了双重意义的分析，这也是他提出"颠覆真理"对当今世界秩序的客观影响的重要原因。

　　中国国际关系理论界的认知革命动力和知识创新意识也进入一个历史新高。2021 年 10 月 28 日美国公司 Facebook 改名 Meta 的新闻引发全球商业市场关注的同时，中国国际关系学界就出现了以"元宇宙"为主题的研究报告，[3] 同时对 Meta

---

　　〔1〕　参见［美］罗伯特·杰维斯：《国际政治中的知觉与错误知觉》，秦亚青译，世界知识出版社 2003 年版；［美］约翰·米尔斯海默：《大国政治的悲剧》，王义桅、唐小松译，上海人民出版社 2003 年版。

　　〔2〕　See Emanuel Adler, *World Ordering: A Social Theory of Cognitive Evolution*, Cambridge University Press, 2019, p. 112. Emanuel Adler, Alena Drieschova, "The Epistemological Challenge of Truth Subversion to the Liberal International Order", *International Organization* 75, Spring 2021, pp. 359-386.

　　〔3〕　参见中国现代国际关系研究院："元宇宙与国家安全"，http://www.cicir.ac.cn/NEW/opinion.html? id=d568c9de-d8d3-4cf3-9e86-6b2ded4fdc49，2021 年 10 月 30 日。

为什么翻译为"元"进行了争论。译法之争本身就是国际关系理论研究的常态，中国国际关系理论界自 2000 年以来就在制度主义研究中的"国际机制"（international regimes）"国际制度"（international institutions）等核心概念的中文表达上有过深入透彻的争论[1]，用中国话语和文化对照与反思西方理论体系正是中国国际关系理论发展过程中始终存在明确的地区知识自我意识的有力证明，也是中国国际关系理论创新具有认知革命动力的原因之一。本书认为，"元"的译法最能反映中国文化和观念对秩序的认识。"元"即"始"，凡数之始为"元"。中国古代以"元旦"为一年之始，以二十四节气指导农耕，顺应天时而勤勉劳动的人们会因此收获富足而安宁的生活。在中国文化中自然内嵌着秩序安排，以"修身、齐家、治国、平天下"为治学理想的中国知识精英对世界的认识也遵循秩序安排。当美国国内还困惑于所谓自由国际秩序的幻灭和输出失败时[2]，中国就发出了最坚定的声音，"世界只有一个体系，就是以联合国为核心的国际体系；只有一个秩序，就是以国际法为基础的国际秩序；只有一套规则，就是以联合国宪章宗旨和原则为基础的国际关系基本准则"[3]。

习近平主席在中华人民共和国恢复联合国合法席位 50 周年的纪念讲话中进一步指出，"人类是一个整体，地球是一个

---

〔1〕 参见苏长和：《全球公共问题与国际合作：一种制度的分析》，上海人民出版社 2000 年版。王杰主编：《国际机制论》，新华出版社 2002 年版。门洪华：《霸权之翼：美国国际制度战略》，北京大学出版社 2005 年版。

〔2〕 See John Owen, "Two Emerging International Orders? China and the United States", *International Affairs*, Vol. 97, No. 5., 2021, pp. 1415-1431.

〔3〕 中国联合国合作立场文件，载 https://www.fmprc.gov.cn/web/ziliao_674904/tytj_674911/zcwj_674915/t1916136.shtml, 2021 年 10 月 30 日。

家园。任何人、任何国家都无法独善其身""推动构建人类命运共同体，不是以一种制度代替另一种制度，不是以一种文明代替另一种文明，而是不同社会制度、不同意识形态、不同历史文化、不同发展水平的国家在国际事务中利益共生、权利共享、责任共担，形成共建美好世界的最大公约数"〔1〕。事实上，在经历新冠疫情引发的世界政治经济分裂危机后，中国国际关系理论界正在发生新的认知革命，对以美国霸权和自由国际秩序为基础的西方国际关系理论进行系统重建的努力正在进行。这场认知革命准确把握了主权平等与开放性原则是"真正的多边主义"的核心内涵，旨在从"如何重启多边主义国际合作"的理论思考和知识探索中形成系统的中国理论。中国国际关系理论界密切关注"开放是当代中国的鲜明旗帜"的现实，在此基础上完成的概念创新和理论论证也正在进行有效的国际传播和得到充分的学术争论。〔2〕21世纪第三个十年的世界国际关系理论研究仍然需要来自不同地区学者们的多元声音和有效的认知革命带来的理论创新，"真正的多边主义"是赋予认知革命以地区知识自觉和现实关切需要的最重要来源之一。中国的发展经验促使我们提出了"人类命运共同体"的国际关系倡议和理念，接下来更为充分的理论建设和深入论证也会在中国更加坚定不移地推行改革开放和多边主义国际合

---

〔1〕　习近平："站在历史正确的一边，站在人类进步的一边"，载 https://www. mfa. gov. cn/zyxw/202110/t20211025_ 9980825. shtml，2021年10月30日。

〔2〕　See Guo Shuyong, *Cultural Internationalism: The Logic of A New International Governance*, Routledge, 2021. 宋伟：《位置现实主义：一种外交政策理论》，上海人民出版社2021年版。Katharina P. Coleman, Brian L. Job, "How Africa and China may shape UN peacekeeping beyond the liberal international order", *International Affairs*, Vol. 97, No. 5, 2021, pp. 1451–1468.

作的实践经验中完成。

（三）国际关系的发展与进步离不开多边主义

美国在二战后取得的霸权地位也是在多边主义框架下的国际制度体系运行中确立和巩固的，美国国际关系理论的知识生产准确把握了美国中心优势的结构主义比欧洲主导时期的世界政治经济格局更具有的认知革命意义，并在"无政府状态"的基本内涵问题上进行了三次有效的理论创新和发展。但是在"9·11"事件后，美国国际关系理论界失去了对世界政治经济变革的客观分析，将"自由国际秩序"等同于世界秩序，背离了多边主义的主权平等与开放性原则，也未能对美国的战后霸权地位仅仅是一定历史时期的美国经验形成准确的地区知识的自我意识。这是解释美国国际关系理论创新乏力的重要原因，也是美国"中心"以外的国家和地区在 21 世纪第三个十年里进行国际关系理论创新和重启多边主义合作实践中要吸取的关键经验教训。

多边主义的基本原则是主权平等和开放性，多边主义的基本形式是协商一致、达成共识。没有任何一种国际合作的实现是轻而易举的，人类历史上探索多边主义的道路也从来都是荆棘密布的。然而，只要有合作的愿望，就能在多边主义的原则框架下找到共同点。中国外交在冷战分裂的世界格局中起步，中国发展从改革开放的坚定探索中前进，正是秉持多边主义原则积极寻求国际合作和坚定承担大国责任的成功典范。在新的历史起点上，中国仍然会"同世界各国秉持共商共建共享理念，探索合作思路，创新合作模式，不断丰富新形势下多边主义实践"。因为国际关系理论和实践中都没有永恒不变的"中心—边缘"，只有准确把握现实变化而产生的认知革命才能推动理论和实践的创新，只有开放和创新才能有国际社会的持久和平与发展繁荣。

　　在新冠疫情全球扩散引发的世界政治经济分裂危机持续两年之后，中国学者对欧洲和美国主导的旧多边主义固有的局限性已经有清楚的认识。欧洲自 18 世纪寻求一体化方案以来就未曾跳出"自我—他者"的边界，以身份同质性为标准的多边主义不仅不可能创造持久的和平与繁荣，甚至可能激化发达经济体与发展中世界的对立，给鼓吹新冷战的声音提供环境。新的世界秩序应该建立在包容性多边主义（inclusive multilateralism）之上，[1]以多边之名搞小集团政治则是美国多边主义经验自二战以来就无法摆脱的排他性本质，排他性多边主义（exclusive multilateralism）终究会加剧世界的分裂与对抗，[2]即使在冷战时期也并不具有充分的合法性，更不可能成为后疫情时代重启多边主义合作和支撑美国复兴霸权目标的有效途径。

---

〔1〕　参见秦亚青："世界秩序的变革：从霸权到包容性多边主义"，载《亚太安全与海洋研究》2021 年第 2 期。

〔2〕　See Yan XueTong，"Becoming Strong: The New Chinese Foreign Policy"，*Foreign Affairs*，Vol. 100，No. 4.，2021，pp. 40–47.

第四章
新多边主义与人类命运共同体

多边主义是一种不断演进的政治过程，不同历史时期和不同国家或者地区的经验都可能生成有效的多边主义共识，并在此基础上转化成具体的规范和可执行的规则。与欧洲多边主义的身份同质性局限和美国多边主义动辄诉诸的排他性规则不同，冷战结束后广大发展中国家和地区积极探索了适应自身发展条件与现实发展需求的多边主义共识与有效的合作生成方式。这些多边主义共识与合作始终强调参与方的主权平等地位，包容不同参与方的差异性与多元诉求，坚持协商一致的基本途径，是符合主权平等、政治权责不可分割和扩散性互惠原则的新多边主义，也是真正意义上的多边主义。

21 世纪前二十年的发展经验证明了传统安全危机和非传统安全危机叠加的人类世界并没有因为经济增长和技术进步而自动获得更乐观的前景。人类生存面临的多重复杂安全威胁要求任何国家和个人都要形成对人类共同命运负责的基础性共识，在此共识基础上构建的共同体是国际关系发展的时代要求，能够生成有效的多边主义合作，避免国家间因历史分歧、地缘竞争、意识形态冲突可能引发的灾难，在应对气候变化、全球性公共卫生危机等人类面临的共同威胁中找到合作的新共识。构建人类命运共同体是国家间交往方式的新时期和基础性新共识，离不开真正多边主义合作框架的支撑，更需要在凝聚共识、形成规范、执行规则阶段产生相应的理论和实践成果，道阻且长，行则将至。

一、新多边主义是确保主权平等原则充分实现的理论创新成果

多边主义的出现是民族国家互动交往中确保主权平等原则实现的自然产物，新多边主义则是适应冷战后国际政治经济发展的新形势、为有效多边主义合作的生成注入新内涵的结果。[1]为确保主权平等的真正实现，新多边主义旨在兼顾不同国家和地区的发展条件与诉求，而不是片面输出发达工业国家的经验。新多边主义正视世界的差异性，强调参与各方的多元共生，而不是压制和模糊不同行为体之间的个性与差距，强制推广自带优势地位的所谓唯一标准。新多边主义强调公平公正基础上的合作共识，适用"共同但有区别的责任"原则，能够有效发挥发展中世界的主动性与创造力，为全球治理体系变革注入活力。

（一）主权平等的充分实现需要适应不同时代和不同地域的发展条件

发展是主权平等的固有内涵，也是民族国家捍卫和实现国家利益的最有效方式。17世纪中期进入民族国家时代的标志就是以英法为先导的欧洲各国开启寻找适合各自条件的民族国家利益最大化道路，摆脱土地生产方式和王权利益至上原则束

---

〔1〕　本章研究内容曾作为作者文章的一部分公开发表，参见李晓燕："从多边主义到新多边主义：共识稀缺困境及其出路"，载《学术界》2022年第5期。

缚的国家内外变革的过程。作为岛国的英格兰与位于欧洲大陆边缘的法兰西，选择了海外扩张和连通世界市场的发展道路，同时借鉴了重商主义时代欧洲的扩张方式，完全漠视了亚非拉民族国家应有的主权权利。19 世纪世界市场雏形初现的时候，英国在维也纳会议上提出"禁止黑人奴隶贸易"的规范，一定程度上反映了欧洲大国开始在铁板一块的国际体系中预留欧洲以外国家和地区主权权利实现的合法性空间，以适应欧洲大国继续主导工业化加速发展的世界市场的需要。20 世纪初为扭转第一次世界大战中协约国集团的劣势，主权平等和民族自决原则才从少数欧洲大国掌握的权力资源慢慢转化成为全球性国际体系规范，广大亚非拉世界也是从这个历史起点上开始争取民族国家主权实现和独立发展机会的道路的。然而，探索的道路相较 17 世纪的欧洲要曲折和艰难得多，最大的压力来自于工业化发展已经将世界市场分裂为"中心—边缘"的对立面，因此二战结束后出现的人类历史上第一个普遍性国际组织——联合国才会将和平与发展作为同等重要和彼此关联的多边主义共识和目标。

联合国也是迄今最为有效的实现民族国家主权平等地位的多边主义框架，回顾联合国的成就，之所以能维持人类历史上最长时段的体系和平，也是因为联合国在不断探索有助于成员国实现充分发展的有效方式。从 1960 年以来联合国先后提出的"发展十年"战略、千年发展目标、可持续发展目标中不难看出，只有切实有效解决发展难题的共识才能成为真正的多边主义共识，发展的模式也不是任何国家和国际制度可以单向供应的，无视他国发展诉求的模式和经验必然被拒绝和抛弃，充分尊重主权平等原则和经过协商一致产生的合作才具有持久的生命力，才符合多边主义的本质内涵。

　　发展是确保民族国家充分实现主权平等的根本保障，但是不同国家和地区的发展道路和模式不是既定不变的，要在尝试、改革和创新中寻找和确定适合的发展模式。20 世纪以来的国际关系表明，一方面，发达国家主导的布雷顿森林体系对于国家层面的"增长"没有给予足够的关注。2008 年金融危机和 2019 年新冠疫情的爆发都对国家治理能力的现代化问题提出了严峻的挑战，清楚暴露了西方现代化理论的弊端。另一方面，联合国千年发展目标更侧重个体层面的减贫，没有提到发展中国家迫切需要的基础设施建设和经济发展等议程，也不能从根本上给有关国家和地区带来持续的发展和根本的改变。冷战后中国深化改革开放的发展战略推动了经济增长和社会进步，由此总结经验凝练的"一带一路"发展倡议由最初被西方强国诋毁到联合国 2016 年 11 月将其写入大会决议，充分说明了建立在发展基础上的主权平等原则是新多边主义的重要标志。

　　（二）矛盾与冲突的各方可以是多元共生的行为体

　　新多边主义源于不同于西方工业化世界的认识论基础，并不回避事物发展的规律和矛盾对立方的存在，但是能从矛盾中更多看到合作的可能性而不是认为差异和矛盾必然导致冲突。这也是后发现代国家和地区能够更好适应 17 世纪中期以来的国际政治经济环境的重要经验，不是局限于发展鸿沟带来的矛盾，而是能从对立面中寻找机遇，通过学习和融入旧国际体系，进而改革和完善旧制度与旧规则，最终实现真正的发展。

　　中华传统文化主张的中庸辩证法就是一种将矛盾辩证看待

的认识论，虽然中庸辩证法也认为事物皆有两极，两极各有差异，但中庸思想中的两极不是对立对抗，而是互存互容、互为生命的。"致中和，天地位焉，万物育焉。"据此而言，全球化发展形成的"地球村"就是一个多元共生的共同体，是由多种成员组成的。尽管多种成员在思想观念、体制机制、生活方式、利益诉求等方面都存在差异，但是差异并不必然导致冲突，而是可以构成和而不同、互鉴互补的关系。中庸辩证法既界定了事物共同生存的依据和共同进化的条件，也解释了人与人、人与社会、人与自然的适切关系。这对于人类命运共同体解决冲突、相向而行的生存和发展之道提供了重要的认识论依据。[1]随着发展中国家的迅速发展和发展中大国的群体崛起，当今世界已经是一个真正多元和多维的世界。治理一个多元世界，需要以多元主义界定治理主体。只有真正实行多元主义，才能解决多元世界中的问题。[2]

西方学界秉持文化多元主义的研究者也认为未来将出现一个明显深刻的、嵌入式的、多元主义的全球国际社会，建立在共同首要制度的强大基础之上，并受到一系列共同命运问题的威胁。于是，如何平衡新兴的深度多元主义全球国际社会的发展，使其既能在全球层面应对共同命运问题，又能满足世界社会对文化多元化的需求成为全球治理体系变革中的关键问题。任何大国，无论新旧，都需要在更广泛的政治和文化方面追求容忍和共存，并把注意力集中到应对共同命运问题所必需的全

---

〔1〕 参见秦亚青："人类命运共同体的思想价值与实践意义"，载《中国党政干部论坛》2020年第9期。

〔2〕 参见秦亚青："全球治理失灵与秩序理念的重建"，载《世界经济与政治》2013年第4期。

球层面的具体功能领域的合作上来。〔1〕这也就揭示了新多边主义及其生成的有效合作是矛盾对立但又需要多元共生的各种国际行为体应对共同命运问题的根本出路。

（三）有效实现"共同但有区别的责任"原则

2021 年 4 月习近平主席在出席领导人气候峰会并发表视频讲话时指出，"共同但有区别的责任原则是全球气候治理的基石。发展中国家面临抗击疫情、发展经济、应对气候变化等多重挑战。我们要充分肯定发展中国家应对气候变化所作贡献，照顾其特殊困难和关切。发达国家应该展现更大雄心和行动，同时切实帮助发展中国家提高应对气候变化的能力和韧性，为发展中国家提供资金、技术、能力建设等方面支持，避免设置绿色贸易壁垒，帮助他们加速绿色低碳转型。"〔2〕

共同但有区别的责任原则是联合国框架下对战后世界政治经济发展现状做出客观判断的前提，也是能够有效弥合南北分歧和生成多边主义共识的重要依据。所谓共同但有区别的责任是由"共同责任"和"区别责任"两方面构成的，共同责任是指国际社会的每个成员国不论大小、贫富、强弱都共同负有的责任，是对人类生存共同依赖的地球生态系统的责任，也是对人类共同命运的责任。区别责任是指不同国家主要是发达国家与发展中国家在责任的范围、手段、时限等方面应承担有差别的责任，否则不能如实反映主权平等的涵义，也不能达成有

---

〔1〕　参见［加］阿米塔·阿查亚、［英］巴里·布赞：《全球国际关系学的构建：百年国际关系学的起源和演进》，刘德斌等译，上海人民出版社 2021 年版，第 288 页。

〔2〕　习近平："共同构建人与自然生命共同体"，载 https://www.mfa.gov.cn/zyxw/202104/t20210422_ 9136708.shtml，2021 年 12 月 30 日。

效的合作共识。"共同但有区别的责任"思想萌芽源于 1972
年联合国人类环境会议达成的《斯德哥尔摩宣言》，1992 年在
联合国环境与发展大会通过的《里约宣言》中正式确立为应对
气候变化问题领域的多边主义共识基础。《里约宣言》指出，
"各国应本着全球伙伴精神，为保存、保护和恢复地球生态系统
的健康和完整进行合作。鉴于导致全球环境退化的各种不同因
素，各国负有共同但有区别的责任。发达国家也承认，鉴于他
们的社会给全球环境带来的压力，以及他们所掌握的技术和财
力资源，他们在追求可持续发展的国际努力中负有责任。" 1992
年达成的《联合国气候变化框架公约》 （United Nations
Framework Convention on Climate Change，UNFCCC）进一步指
出，"发达国家应当在对付气候变化行动中承担主要责任，并且
提供额外的资金和技术帮助发展中国家对付气候变化问题"，
"发展中国家缔约方能在多大程度上有效履行其在本公约下的承
诺，将取决于发达国家缔约方对其在本公约下所承担的有关资
金和技术转让的承诺的有效履行，并将充分考虑到经济和社会
发展及消除贫困是发展中国家的首要和压倒一切的优先事项"。

尽管在此后的规范转化和制定规则过程中，共同但有区别
的责任原则一直被发达国家公开或者隐晦地抵制和规避，发达
国家反对依据环境问题造成的历史原因而对相关问题负有主要
责任，发展中国家则坚持共同责任不等于平均责任，均摊责任
是对发展中国家的明显不公平对待。但是，不断加大的南北发
展差距和始终低效进展的气候议题合作越来越让发达国家逃避
责任的本质及其导致的严重后果受到联合国系统和国际社会的
关注。主权平等和政治权责不可分割是多边主义的本质内涵，
共同但有区别的责任原则准确体现了多边主义内涵中固有的对

发展的定义和实现问题的关注。鉴于环境问题源于工业化发展模式，与民族国家经济和社会发展方式的选择密不可分，因此共同但有区别的责任原则不仅适用于应对气候变化议题，而且对消除贫困、金融稳定、非传统安全等全球治理的诸多问题领域都有至关重要的意义，是有效转化多边主义共识和生成合作规范与可操作规则的前提，是新多边主义的重要组成部分。比如，在世界贸易组织改革中适用"共同但有区别的责任"原则参与多边发展议题的谈判，就能有效解决发展中成员的能力缺失问题，一定程度上规避发展中成员地位和特殊与差别待遇的争论，[1]尤其符合当前发展中国家群体性崛起但是世界经贸结构并未彻底改变的现实。

与此同时，我们也要承认"共同但有区别的责任"原则更多是基于历史和道德渊源而形成的共识，在转化成具体规范和规则时要充分反映这样的前提，将其区别于具有国际法依据的强制性和约束性力量，经过充分的协商一致将发达国家的资金和技术承诺与发展中国家的履约承诺予以有效挂钩，是使其能够在新多边主义合作中发挥实际作用的重要基础。

二、新多边主义是发展中国家和地区的外交实践成果

多边主义作为非歧视性国际安排的基本交往方式，是在第二次世界大战结束后成为活跃的国际关系理念与实践的，其中欧洲一体化进程和美国主导的国际制度体系代表了发达工业国家经验的显著成果，并且对二战后的世界政治经济复兴与繁荣

---

〔1〕　参见徐清军、高波："WTO 改革的发展议题之争及解决之道——'共同但有区别的责任'视角"，载《世界经济与政治》2019 年第 12 期。

做出了重要历史贡献。然而，与此同时，欧美以外的广大发展中世界也在进行着基于本地区和国家现实条件的发展模式和国际交往经验探索，特别是在长期的冷战两极格局束缚下，这些国家和地区的经济社会发展与国际交往方式都是在挫折和失败中不断总结经验教训的结果，其中对主权平等地位和自力更生、自主性原则的坚持是不可或缺的，这也是新多边主义得以生成的基础。正是因为旧多边主义的局限性和供应不足、不适，来自发展中国家和地区的尝试与改革创新才可能发现有效的新多边主义理念与实践。其中代表性突出的有：一是1949年新中国成立后始终秉持自主性原则发展民族国家外交与国际组织外交并重的外交经验，坚持真正的多边主义不仅成就了中国特色社会主义的发展繁荣，而且中国成为引领全球治理体系变革的重要贡献力量；二是1967年积极寻求民族解放事业的东南亚地区小国通过区域多边主义合作创新实践生成了低制度化的安全共同体，并且在冷战结束后主动发展与周边大国的经贸往来及多领域合作，形成了主权充分平等与发展权优先的新多边主义共识和规范。

（一）始终坚持自主性原则的中国国际组织外交

美国主导的国际制度设计和联合国运行体系是二战后旧多边主义的典型特征，也是新中国成立后面临的世界政治经济现实。为了应对冷战两极格局造成的世界政治经济分裂，特别是美国霸权对新中国大国地位的打压与排斥，中国始终坚持在自主性原则的基础上开展民族国家外交与国际组织外交并重的对外交往战略，不仅巩固了社会主义事业，而且在冷战结束后成功探索出能够有效弥补美国国际制度霸权体系不足的中国特色大国国际组织外交，既符合主权平等原则，也不同于发达工业国家主张的突出其历史优势的政治权责不可分割，充分突出了发展需求主导的多边主义共识在转化成合作规范和规则时具有的可操作性。

现有的研究对中国外交的观察大多侧重于民族国家外交层面，主要原因并非研究者的个人局限，而与国内外学界由来已久的对"外交"本身的固有认知有关。在基本概念层面上，国内外学者对"外交"的定义都不约而同地偏重于"民族国家之间的对外行为"。比如，著名英国外交家欧内斯特·萨道义（Ernest Satow）认为，"外交是运用智力和机智处理各独立国家的政府之间的官方关系，有时也推广到独立国家和附庸国家之间的关系；或者更简单地说，是指以和平手段处理国与国之间的事务。"[1]中国国内著名的外交学专家鲁毅、黄金祺等也将外交定义为"任何以主权国家为主体，通过和平方式，对国家间关系和国际事务的处理"[2]。进入21世纪以来，虽然有学者结合现实发展对"外交"的定义有所补充，明确了外交"通常是指主权国家通过其官方代表，在遵守国际惯例的基础上，为维护自身的利益，采用约定俗成的和平方式，与其他主权国家或由主权国家组成的国际组织所进行的正式的、官方的外交与沟通"[3]。但是，对民族国家外交与国际组织外交不做区分的研究在一般意义上认识大多数国家的外交行为基本不成问题，在对中国外交的研究中却会表现出明显的不恰当性。主要原因有二：第一，忽略国际组织外交层面就不能充

---

〔1〕［英］戈尔·布思主编：《萨道义外交实践指南》，杨立义译，上海译文出版社1984年版，第3页。

〔2〕鲁毅等：《外交学概论》，世界知识出版社1997年版，第5页。

〔3〕金正昆：《外交学》，中国人民大学出版社2004年版，第8页。

分认识中国的"大国"历史特征。无论从地缘政治还是历史发展方面看，中国都是对地区和全球国际体系有重要影响的大国。19世纪以来，"国际组织"的出现本身就是大国为构建和平和促进交往进行积极探索的产物。作为地区体系中心的中国在与西方工业化强国组建的全球体系过去几个世纪的交往中，不仅不能忽略各类国际组织的存在，在20世纪的大部分时间里，以国际联盟和联合国为代表的国际组织还是中国外交的重要舞台。清楚认识中国外交的"大国"地位和历史，在民族国家外交与国际组织外交两个层面是同等重要的；第二，忽略国际组织外交层面也不能准确说明中国的"大国"外交现实。第二次世界大战结束以来的国际体系结构事实上就是建立在西方工业强国主导的制度化框架基础上的。所谓"一超"或者"多强"指涉的大国无一例外都有明确的国际制度主导权和影响力，是大量国际组织的创始国或者核心成员。二战后美国世界霸权地位的确立与政治上操纵联合国、经济上掌握布雷顿森林体系有着必然关系。20世纪70年代阿拉伯国家以单一能源为杠杆撬动欧美工业化强国主导的国际格局，能源战争之所以奏效的根本原因也可以归结为它们作为"石油输出国组织"的联合力量。再比如，亚洲开发银行为日本在经济复苏后谋求的亚洲大国地位做出的贡献，西欧寻求一体化合作过程中形成的超国家组织，等等。可以说，二战后的国际现实中，国际组织外交是大国外交的固有内涵，当然也应该成为中国特色大国外交理论和实践的重要组成部分。

国际组织外交与民族国家外交是并行不悖的两条发展路径，是依据不同的外交对象来认识和发展民族国家对外交往行为所进行的必要区分。17世纪中期以来，民族国家主权身份的确立成为现代意义上国际关系交往的基础，此后的国际关系发展自然形成了民族国家和国际组织两大核心行为体，时至今日，这两大类国际关系行为体的核心地位仍无可动摇。"外交"行为源起于民族国家，但是并不局限于民族国家之间。国际组织虽然最终是作为民族国家对外行为的产物出现，但是发展到今天已经成为一种独立的外部力量，是民族国家对外交往的重要对象。这一事实不仅决定了我们需要从民族国家外交和国际组织外交两个不同的层面认识中国外交的历史与现状，而且也帮助澄清了中国外交研究中的另一个认识误区，即国际组织外交等同于多边外交。多边外交是与双边外交对应的概念，实质还是受到从民族国家对外交往的角度认识外交的局限性影响。国际组织可以被视为实施多边外交的场所，但是多边外交行为并不仅仅发生在与国际组织的交往中，对外签订国际条约、参与国际会议都属于典型的多边外交行为，但却不能等同于以参与和创制国际组织为核心内涵的外交。

新中国成立后，受到当时国际形势的大环境限制，中国的国际组织外交的确滞后于民族国家外交的发展，直至1971年恢复联合国安理会常任理事国席位后，中国才开启了真正意义上的国际组织外交，此后大体经历了三个发展阶段：第一阶段从1971年至1989年中国的国际组织外交主要以学习现有国际组织的话语和行为规则为主，基本完成了对联合国框架下各个专门机构的参与活动以及席位恢复；第二个阶段从1990年至1997年中国适应冷战后国际形势的剧变，主动扩展了国际组织外交的范围，重点是实现与联合国框架外的国际组织建立互动关系；第三个阶段从1997年至今，中国国际组织外交的重点转向了创建适应自身和相关国家需要的国际组织，并且取得了初步成绩，完整经历了大国国际组织外交发展到创新实践阶段的基本过程。期间，中国先后主导了国际竹藤组织、上海合作组织、亚洲基础设施投资银行三个典型国际组织的创制，分别代表了从"响应联合国宗旨"，到"维护地区安全"，再到"倡导互联互通"的大国创建国际组织典型途径，说明中国具备了大国国际组织外交的基本要素，并且取得了国际认可。中国的国际组织外交创新实践也不是对西方主导体系的挑战，而是一种有效的补充。中国在20世纪90年代进行的国际组织外交创新实践完全是应对世界经济和政治发展中的新变化和新挑战的积极探索，是从自身作为发展中大国的实际出发进行的负责任选择。[1]

具体而言，中国国际组织外交的发展经历了三个不同时期，表现出不同特征，但是又坚持着一以贯之的自主性原则的。第一个时期，1971～1989年在"自主学习"中完成量变积累。这一时期中国的国际组织外交是适应恢复联合国席位后的战略需要，以学习和了解国际组织外交的话语和行为规则为主要任务，带有被动参与的特征。[2]然而，除联合国框架下的各类专门组织外，这一时期中国还加入了国际刑事警察组织（1984年）、世界能源理事会（1983年）、世界气象组织（1972年）、世界经济论坛（1979年），基本做到了议题领域的全覆盖，符合中国的"大国"身份和发展需要。特别是这一阶段中国外交面临的紧迫任务和巨大压力也在转化成学习的动力，并

---

〔1〕 参见李晓燕："中国国际组织外交的历史发展与自主创新"，载《东北亚论坛》2020年第2期。

〔2〕 参见朱立群："中国参与国际体系的实践解释模式"，载《外交评论》2011第1期。朱立群、聂文娟："从结构-施动者角度看实践施动——兼论中国参与国际体系的能动性问题"，载《世界经济与政治》2013年第2期。

且逐步表现出了自主性，这一点通过中国与联合国专门机构互动过程中的"大国"地位基本是在80年代就发生了由虚到实的迅速变化可以得到证明。在联合国所有33个专门机构中，除了不属于国际组织性质的11个司职委员会以及2003年才成立的世界旅游组织，中国在其余21个国际组织中有13个是在70年代恢复席位，5个是从1980年开始参与组织活动，另有3个最晚参与活动的组织分别是1981年加入的联合国人权委员会、1984年加入的国际原子能机构和1986年正式提出恢复缔约国地位的关税与贸易总协定。中国加入的所有21个国际组织中又有8个在70年代、11个在80年代就完成了对组织活动的实质性参与，仅有国际电信联盟和关税与贸易总协定两个组织，中国囿于经济发展水平无法在这一时期实现深入的参与。[1]

可以说，20世纪70年代初中国在联合国席位的恢复，的确带来了中国国际组织外交的量变激增，但是中国政府并没有被动等待国际形势和国家实力的有利变化，而是从一开始就主动寻求在各类国际组织中发挥实际作用，并且在80年代中期就基本具备了在联合国框架下世界主要国际组织中的实质性参与权，包括与国际组织的常规联络、出席会议、签订条约、认缴股份，等等。这说明，中国在20世纪80年代中期就已经是国际组织大国，拥有重要的政治地位和投票权。[2]当然，囿

---

〔1〕　本书作者根据中华人民共和国外交部官方网站"国家和组织"-"国际和地区组织"中相关资料统计整理，载 https://www.fmprc.gov.cn/web/gjhdq_676201/gjhdqzz_681964/lhg_681966/jbqk_681968/，2019年12月25日。

〔2〕　随着近几年学界对国际组织基础理论研究的深入，关于民族国家在国际组织中的投票权和投票权力概念区分，非常有助于理解国际组织外交层面何谓大国的地位描述。参见黄薇："国际组织中的权力计算——以IMF份额与投票权改革为例的分析"，载《中国社会科学》2016年第12期。

于当时的冷战两大阵营对峙形势和中国有限的综合实力，中国在大多数国际组织中的决策权和影响力还十分有限，整体上在民族国家外交和国际组织外交层面，中国都还不具备真正的"大国"地位。

第二个时期，1990~1996年突出"自主选择"的实质性参与。冷战结束后，中国外交的主题发生转变，不再受制于意识形态对抗的需要，而是要切实服务于和平发展的战略目标，因此民族国家外交与国际组织外交的重要性同时凸显出来。就国际组织外交而言，中国政府不仅大大拓展了参与的范围，加深了参与的程度，而且发展出不同于发达西方国家的大国外交特征，充分说明中国的国际组织外交是在一以贯之的自主性原则指导下稳步推进的。

所谓拓展参与范围，一方面是指突破了联合国的框架，例如1991年加入了亚太经合组织、确立了与东盟的"10+1"合作机制，1992年成为大湄公河次区域经济合作机制的创始成员国，1994年成为东盟地区论坛的创始成员国，[1]1995年加入南方中心，1996年成为亚欧会议和中亚区域经济合作组织的创始成员国，同年也加入国际清算银行。另一方面，拓展范围在地理上也表现为中国政府积极发展了与全球几乎所有地区组织的合作关系。例如，1990年中国与里约集团建立了对话伙伴关系，1991年成为美洲开发银行的观察员国，1992年成为不结盟运动的观察员国，1994年成为拉美一体化协会的首个亚洲观察员国。

所谓深化参与程度，主要表现为中国不仅有效履行了作为

〔1〕 参见聂文娟："中国与东盟地区论坛（ARF）：从积极参与到创新实践"，载《东南亚纵横》2013年第11期。

国际组织成员或者合作伙伴的权利义务，而且开始进入国际组织决策层，拥有话语权和参与规则制定或者实施的权利。例如，1992 年以来，中国出席了不结盟运动的历次首脑会议和协调局部长级会议，1994 年中国开始主动向七十七国集团提供捐款，1996 年中国成为全面禁止核试验条约组织筹备委员会的首批成员，1996 年以来中国还一直担任着国际农业发展基金的执行董事，等等。

中国国际组织外交在这一时期表现出的战略远见恰恰是其不同于历史上其他大国的独特路径。中国不仅没有因为形势的压力而放缓国际组织外交的步伐，反而冲破西方发达国家的障碍，拓展和深化与发展中地区国际组织的联系，事实上也就为下一阶段中国在国际组织外交层面积极开展创新实践，努力发出中国所代表的发展中国家的声音做好了铺垫。

第三个时期，1997 年以来积极探索"自主创新"实践。20 世纪 90 年代中期以来，中国政府推动的国际组织外交创新实践一以贯之，并且表现出不同于二战后美国主导的国际组织创新实践的特征，更多的是对美国主导的全球层面国际组织体系的一种补充，同时也与 20 世纪 60 年代以来西欧、日本的地区性国际组织创新实践有明显不同，主要是依托后发现代国家和发展中国家的支持，并以它们的发展诉求为核心目标的。回顾二战后大国国际组织外交的发展历史，中国在 90 年代中期以来所完成的探索不仅获得了国际体系的认可，而且具有非常突出的典型性，可以视为继美国主导和西欧、日本主导之后的大国国际组织外交的第三种路径，既没有挑战战后世界秩序的整体设计，同时又避免了大国资源与权力优势并重给国际组织外交发展带来的困境，是对战后世界政治经济制度框架的积极补充。

表3：战后大国国际组织外交创新实践的典型路径

	美国	西欧、日本	中国
主导国际组织创新实践的时期	二战后	20世纪60年代	20世纪90年代
代表性国际组织	世界银行、国际货币基金组织、关税与贸易总协定	欧洲共同体、亚洲开发银行	国际竹藤组织、上海合作组织、亚洲基础设施投资银行
组织成员范围	全球性	地区性	地区性
组织目标及行动	战后世界秩序	地区发展	发展中国家集中地区的发展
组织结构	大国贡献与大国优先	大国贡献与大国优先	大国贡献与平等对话

资料来源：笔者自制。

　　创新实践在20世纪90年代成为中国国际组织外交的重点并不是断续实现或者谨慎保守的实验性探索，而是从"经济议题"到"安全议题"，从"地区外参与"到"地区内创制"的一系列彼此关联的战略性安排。1997年中国在东盟地区论坛上提出的以"互信、互利、平等、合作"为核心的新安全观，与后来上海合作组织发展中孕育出的"上海精神"就是一脉相承的中国理念，是对中国国际组织外交基本原则的一种高度概括，[1]也是因为秉持这样的原则，中国的国际组织外

―――――――――――

〔1〕　参见王逸舟、谭秀英主编：《中国外交六十年（1949~2009）》，中国社会科学出版社2009年版，第77页。

交创新实践虽然也是大国主导，却表现出不同的特征，特别是立足于中国所在的地区，侧重于发展中国家的发展诉求，兼顾了中国贡献与成员间平等对话的原则。

首先，开始于 90 年代中期的中国国际组织外交创新实践充分结合了中国所在地区的发展需要和现实资源，成员间在组织目标议题领域上的合作性远超过竞争性，同时又缺乏合作机制，因此中国的国际组织创制倡议能够得到有效回应。其次，中国的国际组织外交创新实践都是以充分实现联合国框架下的和平与发展目标为宗旨和活动内容的，与现有国际制度安排不存在外部竞争性。[1]尽管也有来自外部的压力，但是并不足以形成组织运行的障碍。最后，尽管中国在所主导的国际组织外交创新实践中并不具备相对于其他成员的力量优势，但是中国作为国际组织创始国的贡献和对成员间平等对话原则的坚持值得肯定。中国在倡议成立新的国际组织时，在组织目标领域都与成员国具有同样的发展、安全、繁荣压力和需要，中国寻求国际组织框架下的合作而不是依靠民族国家外交途径，因此中国政府才启动了相应的国际组织外交创新实践。

具体而言，中国是在创建国际竹藤组织、上海合作组织和亚洲基础设施投资银行的过程中，由经济议题过渡到安全议题，由局限于发展中国家渐进到涵盖全球范围内不同发展水平的成员，顺利实现了大国主导国际组织外交创新实践的完整阶段。紧接着 2017 年中共十九大将构建人类命运共同体作为新时代坚持和发展中国特色社会主义的基本方略之一写入新党章，充分说明了中国特色社会主义大国外交的历史成就与思想

［1］　刘玮："崛起国创建国际制度的策略"，载《世界经济与政治》2017 年第 9 期。

理论体系的完善都离不开在实践中有效探索的充分体现主权平等和发展中国家诉求的新多边主义。

（二）主权平等与发展权优先的东亚区域多边主义

东亚区域合作始于 1967 年东南亚国家联盟（ASEAN）即"东盟"的建立，尽管不是东亚整个地区实现合作的标志，但是考虑到 20 世纪 60 年代的战略环境，以及五十多年来东盟在地域和影响力上的成功扩展，东盟本身就是值得研究的区域多边主义合作案例。20 世纪 60 年代的东南亚面临严峻的安全问题，新成立的民族国家非常脆弱，领土争端、意识形态对抗和外来势力的干预给地区形势带来了极大的不确定性。成立东盟之前，这一地区的国家之间战争不断，既有大国参与的战争，也有相互之间的战争，正常的国家间关系都难以保障，更无法想象区域多边主义合作的开展。然而，成立东盟之后，成员国之间再无战争，大多数国家越来越富足，不同意识形态和政治体制的国家也逐渐被接纳，成员国一方面仍然保持各自的国家特性和政策差异，另一方面又形成一套共同遵守的对外关系准则，进而确保了东南亚地区的和平与繁荣。[1]

如果说东盟的成立与扩展仅仅是地区小国在战后国际社会中寻求生存的自然选择，20 世纪 90 年代以来出现并迅速发展的东盟与中日韩合作机制则打破了国际关系中很多既定的规范，呈现出旧多边主义无法解释的特征，比如小国主导、低制度化、充分协商一致的"清谈馆"和舒适度决策规则。1997年的亚洲金融危机把东亚区域多边主义合作推进到一个新的阶

---

〔1〕 参见李晓燕："东亚地区合作进程：一种'实践理性'的解释"，载《世界经济与政治论坛》2017 年第 3 期。

段，形成了东盟与中国、日本、韩国三个地区大国的合作框架，即"10+3"（ASEAN Plus Three，APT）机制。2005 年第一次东亚峰会（East Asian Summit，EAS）上，建设东亚共同体的决议被写入由 13 国领导人签署的正式宣言中，不仅促进了成员国之间的经贸往来与地区和平，而且成功塑造了以"由中小国家提出倡议并稳居机制核心，吸引整合大国加入"的区域一体化模式，[1]展示了与欧洲一体化的大国主导模式完全不同的多边主义合作路径。虽然中日韩的物质实力和国际影响力都大大超出东盟，但东盟在东亚地区合作进程中提出规则和设定议程的能力却使其获得了大大超出自身物质实力的权力地位。东盟是东亚地区成立最早，也是最成功的地区组织。目前几乎所有的东亚地区机制都是由东盟牵头，并且以东盟为中心运作的。这种由扩大的地区合作而产生的新规范实际上也维持了地区合作的进程。[2]否则，如果东亚主要国家之间为争夺地区发展的领导权展开激烈竞争，就很可能导致现有区域多边主义合作进程的中断甚至倒退。

所有参与东亚区域多边主义合作的国家都必须遵循"非正式、协商一致和渐进社会化"的行为规范。[3]而掌握合作进程主导权的东盟国家内部实际执行的也是"先决定后讨论"

---

〔1〕　参见秦亚青：《关系与过程：中国国际关系理论的文化建构》，上海人民出版社 2012 年版，第 170 页。

〔2〕　参见张蕴岭：《在理想与现实之间——我对东亚合作的研究、参与和思考》，中国社会科学出版社 2015 年版，第 41 页。

〔3〕　参见秦亚青：《关系与过程：中国国际关系理论的文化建构》，上海人民出版社 2012 年版，第 227 页。

（agree first talk after）〔1〕的议事规则。东亚区域多边主义的制度化成果在数量上并不缺乏，但是约束力和执行效率却一直饱受质疑。东亚各国特别是东盟从来不排斥制度化的发展，只是在面对制度化与"舒适度"决策规则的权衡时，"舒适度"规则得到更多的支持。从 2005 年第一届东亚峰会上首次接受澳大利亚、新西兰和印度加入地区合作，突破地理上的"东亚"概念，到 2010 年第五届峰会上由于东盟成员间无法达成共识而没有形成年度功能合作的主题。东亚区域多边主义始终不变的是坚持合作与主权平等原则，一直在变的则是为实现充分和真正意义的主权平等而不断生成新的规范与规则，这也是新多边主义的显著特征。

东亚区域多边主义始终保持对参与方特别是小国的主权平等地位的强调，与此同时也积极将适合本地区发展中国家经济和社会发展诉求的合作共识转化成具体规范与规则，即使经历 2008 年金融危机、2016 年民粹现实主义强势回归等外部环境的变迁也没有放弃合作是前提和基础的共识。2020 年 11 月在新冠疫情引发的世界政治经济分裂危机压力下，由东盟发起的《区域全面经济伙伴关系协定》（RCEP）历时 8 年完成签约谈判，并于 2022 年 1 月 1 日正式生效。RCEP 促成了东盟 10 国和中国、日本、韩国、新西兰、澳大利亚共 15 国的亚太自由贸易区。作为当今世界人口最多和经济规模最大的经贸多边主义合作成果，RCEP 有效纠正了被特朗普政府破坏的世界贸易组织规则和《全面与进步跨太平洋伙伴关系协定》（CPTPP）

---

〔1〕　参见周玉渊："从东盟自由贸易区到东盟经济共同体：东盟经济一体化再认识"，载《当代亚太》2015 年第 3 期。

等旧多边主义不能顺利转化成合作规范与规则的消极影响，充分尊重了亚太地区发展中国家的实际发展诉求和对多边主义有效性的坚定共识，是新多边主义在区域合作领域的典型代表。

三、新多边主义是人类命运共同体理论的核心假定

人类命运共同体理论体系是习近平新时代中国特色社会主义思想的重要组成部分，是当代中国对世界的重要思想和理论贡献。2008 年金融危机以来，世界政治经济形势发生深刻变革，国际格局以西方为主导和国际关系理念以西方价值观为主要取向的局面越来越难以为继。以中国为代表的发展中国家和地区的群体性崛起受到国际社会的重视，中国的经验和主张也得到日益广泛的倾听和关注。2012 年中国共产党第十八次全国代表大会明确提出"要倡导人类命运共同体意识，在追求本国利益时兼顾他国合理关切"。2013 年 3 月，习近平主席在莫斯科国际关系学院发表题为《顺应时代前进潮流 促进世界和平发展》的演讲，首次阐释了人类命运共同体的理念，指出"人类生活在同一个地球村里，生活在历史和现实交汇的同一个时空里，越来越成为你中有我、我中有你的命运共同体"。2015 年 9 月，习近平主席在纽约联合国总部出席第 70 届联合国大会一般性辩论并发表题为《携手构建合作共赢新伙伴 同心打造人类命运共同体》的重要讲话，将建立合作共赢的新型国际关系与打造人类命运共同体紧密相连，提出了"五位一体"的路径和布局：建立平等相待、互商互谅的伙伴关系；营造公道正义、共建共享的安全格局；谋求开放创新、包容互惠的发展前景；促进和而不同、兼收并蓄的文明交流；构筑尊崇自然、绿色发展的生态体系，进一步丰富发展了人类

命运共同体思想，实现了体系化。

　　构建人类命运共同体思想的发展和丰富完善充分显示了中国特色社会主义的理论自信与行动自觉，与中国外交秉持的新多边主义核心内涵密不可分。新多边主义是主权平等原则在新的世界政治经济形势下得以充分实现的必然要求，将不同国家和地区的充分可持续发展作为首要目标，旨在通过协商一致、凝聚共识，确定政治权责不可分割的合作形式，使参与各方都能从合作产生的扩散性互惠中受益。因此，建立在新多边主义基础上的国际关系共同指向的应该是为人类共同命运负责的国际交往方式，参与合作方在为人类共同命运负责的共识基础上能够生成"我们感"（we feeling），构建人类命运共同体也成为全球治理体系变革时代最可能生成有效共识的新多边主义框架。

　　（一）"安全困境→安全机制→安全共同体→人类命运共同体"是系统化逻辑演进

　　安全问题是国际关系的第一问题，如何在以民族国家为交往主体的国际社会谋求生存与发展，维护本民族国家的主权平等地位，充分实现本民族国家的主权权利和国家利益，是 17 世纪中期人类历史进入现代民族国家时代后始终决定着国际交往基本内涵的第一问题。在这个意义上，民族国家国际交往的历史也可以理解为是在安全问题上不断形成共识，并遵循相关规范和规则进行互动的历史。国际关系史上有效的安全共识大体经历了三个历史时期的发展：安全困境时期（17 世纪中期~19 世纪末）、安全机制时期（20 世纪上半叶）、安全共同体时期（二战后）。国际关系演进到新的安全共识阶段并不意味着对旧共识的完全颠覆，而是通过新共识有效弥补了旧共识的时代局限性，开辟了降低或避免国际冲突，以及促成合作的新路径，并在局部地区范围和更长时段内维持了有条件的安全与和平。根据这样的安全共识演进逻辑，基于中国等发展中国家的地区经验产生的人类命运共同体共识，就是在有效弥补安全共同体阶段不能解决的非传统安全和复杂全球问题带来的安全威胁，生成对人类共同命运负责的多边主义合作的新安全共识阶段，因此具有普遍性和一般意义。

第一种安全共识——安全困境（Security Dilemma）源于现代民族国家交往历史的起点，民族国家的主权平等原则刚刚成为国际交往的基础性共识，在从土地生产方式向工业化生产方式转型的过程中，欧洲强国依靠船坚炮利掠夺其他国家和地区的发展资源，少数欧洲强国之间形成的大国均势格局也会周期性被打破。因为国家实力大小和国家间权力平衡是唯一规则，不存在对国家行为的约束性力量，一国为寻求安全的努力直接对他国造成了不安全，由此会引发他国采取针对性行为予以防范和抗衡，这就形成了追求权力没有终点的安全困境局面。这一时期虽然主权平等原则具有了国际法意义，但是国家间关系的实际运行规则决定于权力的大小，甚至即使是权力平衡的规则也局限于仅在少数欧洲强国之间适用。欧洲以外的广大亚非拉地区还处于前民族国家阶段，没有形成民族国家的主权平等意识，更没有有效维护主权平等地位的实力和实现独立发展的机会，基本是依附于欧洲主导的国际体系，是欧洲强国之间"安全困境"式互动和权力争夺的牺牲品。受安全困境共识的影响，至今仍有不少国家信奉"强国必霸"的逻辑和零和博弈思维，无法接受新型国际关系和全球治理的世界。

第二种安全共识——安全机制（Security Regimes）是工业化发展的结果。19 世纪末 20 世纪初，工业化发展日益将世界市场连为一体，国家间竞争世界市场的矛盾引发了人类历史上第一次世界大战。欧洲大陆在德意志国家统一后尝试过的主动和解体系为美国倡议的集体安全模式能够在一战后的巴黎和会上成为国家间合作的共识奠定了基础，以国际联盟设计为代表的安全机制成为调节国家间交往的基本形式。安全机制的出现表明为实现和平与合作而约束国家追求安全的行为成为 20 世纪上半叶最重要的历史经验和此后国际关系中最有效的多边主义共识。安全机制并不能从根本上消除国家间的冲突和分歧，但是约束的国家行为大大降低了战争的可能性，是国际关系的重大进步。以集体安全的机制设计为例，违背主权平等原则和破坏和平的成员国会受到机制的集体制裁，遵约的成本明显低于集体安全的收益，因此绝大多数国家会选择加入安全机制和约束自身的行为。但是，为确保安全机制的有效性，政治权责不可分割原则的实现是至关重要的，基于第二次世界大战的教训而补充的联合国安全理事会机制有效落实了集体制裁的成本—收益保障，此后的世界政治经济运行就被全面纳入了联合国及其专门机构的多边主义框架之下。

第三种安全共识——安全共同体（Security Community）出现于二战结束后。二战结束对国家间交往方式的塑造和影响是最为深刻的，尤其是欧洲国家在饱受两次世界大战的苦难后对安全的实现有了新的共识，彻底放弃了战争作为国家利益实现的可选路径，重建欧洲身份，进入了"我们感"基础上的安全共同体互动方式探索阶段。欧洲国家具有当今世界国家间最高的身份同质性，在安全共同体的发展经验上也提供了其他地区无法匹及的合作扩展模式。与欧洲经验中的高度一体化不同，战后世界的其他地区也在协商一致中尝试了可能产生"我们感"的国际交往方式。比如，1967 年《东南亚友好合作条约》签订以来东盟国家在"不使用武力与和平解决争端"共识基础上建构的安全共同体，不仅以其低制度化和高度协商一致的"东盟方式"塑造了独特的"我们感"，而且在历经冷战结束和新千年后的国际格局变迁考验中持续着相关合作，充分证明了基于"我们感"的共同体互动是国家间交往的有效方式。"我们感"的产生并不局限于国家身份的同质性和避免战争与冲突的安全诉求。"我们感"可能源于对共同面临的难题的认识，可能源于对所在地区历史、现状和发展条件的认识，也可能源于对可预见未来的期望，在此基础上凝聚共识和生成有效的合作也能最大限度地规避矛盾与冲突，因此是二战结束以来国家间互动的里程碑式理论与实践创新。

　　第四种安全共识——人类命运共同体（A Community of Shared Future for Mankind）是在和平与发展成为时代主题，避免大国战争和冲突已经形成高度共识的新阶段，为有效应对传统安全与非传统安全威胁交织的复杂形势而出现的。进入 21 世纪以来，特别是在经历了 2008 年世界金融危机的冲击后，全球化对人类和平与发展提供的前所未有的互联互通环境和由此引发的空前危机与挑战，越来越突出了人类安全的维护与实现需要人类世界的共同努力，人类世界要为人类共同命运负责的共识才能超越地域、历史、国别、政治、经济等巨大差异乃至矛盾冲突，在"任何国家与个人的行为都要为人类生存的共同命运负责"这样的共识基础上开展互动。21 世纪的前二十年里，人类世界遇到的安全威胁——恐怖主义、气候变化、全球公共卫生危机无不强化了这种共识，即经济和技术的进步并不能消除贫困、战乱、意识形态等分歧与矛盾，但是人类的生存是人类世界的基础性共同目标，在这个目标面前人人平等，任何国家与个人都应为人类共同的命运承担责任，人类世界的未来才有确定性前景。人类命运共同体正是对人类安全实现方式的根本回答，也是国际关系互动中有效"安全共识"的第四个阶段。人类命运共同体成为基本共识并不意味着国家与国家、个人与个人之间不再有矛盾和分歧，相反是在复杂多变的传统安全危机和非传统安全危机给人类生存造成更加不可预测的威胁的历史新阶段里，有效维系多边主义合作的根本基础。

　　人类命运共同体作为新的安全共识出现也不是要否定和取代前三阶段安全共识的存在价值，多种安全共识同时存在和调节不同议题领域国家间互动的局面仍将是长期的。人类命运共同体不能等同于安全共同体，不能模糊意识形态和价值观分歧而在有些国家间塑造"我们感"，但是可以让更多发展道路和经济水平不同的国家在为人类共同命运负责的议题上形成"我们感"，进而将相关共识转化成具体的合作规范与规则。人类命运共同体也不能取代以联合国为代表的安全机制，相反，"人类命运共同体"自提出以来始终是在多边主义平台中完善，并且得到联合国系统认可的过程中上升为国际共识的。人类命运共同体旨在有效弥补现有联合国运行机制的不足，推动联合国机制改革，更新理念与方式，提高运行效率。人类命运共同体将主权平等的充分实现与联合国成员国的自主和可持续发展有机融合，从根本上确保了联合国的权威性。2021年11月，"人类命运共同体"写入第76届联合国大会裁军与国际安全委员会"不首先在外空部署武器"决议，这也是联合国大会决议连续第 5 年写入"人类命运共同体"理念，再次证明了国际社会对该项安全共识的高度认可，也显示了基于人类共同命运而产生的"我们感"持续有效地凝聚着不同国家和地区的共识，这种共识在新冠疫情导致的世界政治经济分裂危机后更具有突出的可贵价值。

（二）人类命运共同体理论是推动全球治理体系变革的有效方案

人类命运共同体是在经历了 2008 年金融危机后非西方世界群体性崛起、2016 年民粹现实主义强势回潮欧美政治的严重冲击后得到国际社会越来越广泛共识基础的系统国际关系主张。继安全困境→安全机制→安全共同体的演进而运行到 21 世纪的国际关系互动说明在避免世界大战风险和大规模武装冲突的共识中，可以转化成的有效规范需要进一步延展和更新。不仅欧盟、东盟这类的安全共同体能够产生"我们感"，从而大大降低冲突风险和催生国际合作，在应对气候变化和消除贫困、实现真正发展等更加严峻的安全危机面前，基于对"人类共同命运"的负责共识也可以产生新的"共同体"。在对人类共同命运负责的共识面前，任何人、国家、地区和社会组织、跨国行为体都是平等的，都能参与到多边主义合作中来，形成对人人相关的"命运共同体"的"我们感"。"人类命运共同体"包容了传统国际交往的所有差异和分歧，并不是否认和忽视意识形态、发展水平、历史矛盾、地缘冲突等障碍的存在，而是旨在凝聚"新多边主义"共识，并将其转化成任何可能的合作，这也是在经历了 2020 年以来最为严重和漫长的世界政治经济分裂危机后可能重启多边主义合作的最具基础性的共识。

传统安全威胁有明确的敌人、清晰的意图和具体的目标。全球化时代出现的威胁则是另一种威胁，敌人、意图、目标都无从寻找，但危害性完全可能超过任何传统安全威胁。如果说一战、二战时人们仍然可以发现方寸安生之地，新冠病毒已经威胁到全球几乎所有国家。关于疫情的信息也同样迅速传播，实际恐惧和虚拟恐惧对人的心理产生了严重影响。从这个意义上说，全球化时代确实是一个全球性威胁的时代。全球性威胁具有不受国界限制的流动性和随机蔓延特征。隐形的病原体、污染的空气、计算机病毒随时可以轻易越过边界，在不同国度之间穿梭往来。全球性威胁是对全人类、对整个国际社会的威胁，超越了种族、国家、意识形态、经济发展水平，不接受任何妥协和投降。全球性威胁面前，任何国家都不能独善其身。[1]在应对 2008 年金融危机、2019 年新冠疫情过程中美国的排他性规则接连失灵，都说明全球性威胁标志着新的国际关系发展阶段到来，旧有的安全共识不足以支撑多边主义合作，对人类命运的共同责任才能凝聚新的共识。

人类命运共同体理论包括持久和平、普遍安全、共同繁荣、开放包容和清洁美丽等五个方面的内涵。[2]持久和平是指维护世界基本秩序的总体稳定和可持续发展，这就意味着一方面要继续支持以联合国为代表的多边主义秩序运行机制，另一方面要推进国际关系民主化进程，改革、补充和完善不能有效维护秩序的制度和机制。只有在一个国际关系民主化的环境

　　〔1〕　参见秦亚青："合作：命运共同体发展的铁律"，载《国际问题研究》2020 年第 3 期。

　　〔2〕　参见习近平："共同构建人类命运共同体——在联合国日内瓦总部的演讲"，载人民网：http://cpc. people. com. cn/n1/2017/0120/c64094-29037658. html，2021 年 12 月 20 日。

里，世界秩序的持久稳定才能够真正得以保证。普遍安全意味着加强全球安全治理需要新思维和新方案。要以共同、综合、合作和可持续的安全观为指导，共建安全秩序，共享安全红利。要厘清安全与发展的关系，以发展促和平，在和平中谋发展。共同繁荣是聚焦发展这个根本性问题的，坚持推荐国际经济和金融治理机制改革，打造开放型合作平台，维护和发展开放型世界经济，共同创造有利于开放发展的环境，推动构建公正、合理、透明的国际经贸投资规则体系，释放各国发展潜力，实现经济融合、发展联动、成果共享。开放包容倡导不同文化和价值的多元融合、互学互鉴。清洁美丽是指通过推进绿色发展来建立人与自然和谐发展的生态文明。综合考虑，构建人类命运共同体的目标是要从根本上解决人类发展过程中的"西方中心主义"和"人类中心主义"两大问题。[1]人类命运共同体将国际政治哲学的空间内容从西方中心上升为人类中心，将国际政治哲学的时间维度从传统视角转化为当代视角，真正体现了全球意义和时代价值。[2]

　　人类命运共同体理论特别强调国际政治中的大国责任与担当，习近平指出，"作为大国，意味着对地区和世界和平与发展的更大责任，而不是对地区和国际事务的更大垄断"[3]。作为人类命运共同体理论的倡导者，中国将这种新安全共识转化成具体规范和规则的实际行动与方案也备受国际社会关注，

---

　　〔1〕　参见秦亚青、魏玲："新型全球治理观与'一带一路'合作实践"，载《外交评论》2018年第2期。

　　〔2〕　参见谢迪斌、郭培基："论人类命运共同体思想对国际政治哲学的创新"，载《社会主义研究》2021年第5期。

　　〔3〕　习近平："迈向命运共同体 开创亚洲新未来——在博鳌亚洲论坛2015年年会上的主旨演讲"，载《人民日报》2015年3月29日，第2版。

中国已经采取并将继续采取更多行动履行一个发展中大国的责任，"我们要在发展自身利益的同时，更多考虑和照顾其他国家利益。要坚持正确义利观，以义为先、义利并举，不急功近利，不搞短期行为。要统筹我国同沿线国家的共同利益和具有差异性的利益关切，寻找更多利益交汇点，调动沿线国家积极性"〔1〕。这也是践行新多边主义的必然要求，充分尊重了所有国家的主权平等地位和实际发展诉求，在协商一致的基础上凝聚共识，才能在为人类共同命运负责的新多边主义框架下实现合作与共享发展。

需要说明的是，建立在新多边主义核心假定之上的人类命运共同体理论仅仅是基于以中国为代表的发展中国家和地区经验的一种理论提炼和系统化，但是并非唯一理论和经验。只有各种理论学派和学术思想可以平等的存在、发展、沟通和辩论，最终消解国际关系理论在西方/非西方问题上的界限，当然也包括消解中国/非中国这些特定时期的标识，才能形成真正意义上属于全球和人类的知识体系。〔2〕新多边主义基础上生成的人类命运共同体理论也要在不同学术思想和观点主张的争论和完善过程中继续演进，构建人类命运共同体是基于世界政治经济新形势产生的安全共识的新阶段，没有经验可循，要充分发挥国际社会特别是大国的积极性，加强沟通与协调，从分歧和矛盾中寻找共识，并将其恰当转化成具体的规范和规则，从而为全球治理体系变革做出切实的贡献。

---

〔1〕 习近平：《习近平谈治国理政》（第2卷），外文出版社2017年版，第501页。

〔2〕 参见秦亚青："全球国际关系学与中国国际关系理论"，载《国际观察》2020年第2期。

第五章

全球治理体系变革与多边主义的前景

　　多边主义与全球治理具有内在联系，与任何形式的霸权结构秩序则是背道而驰的。[1]一旦多边主义成为普遍有效的国家间交往形式，传统意义上的外交作为管控国家间矛盾和利益冲突的形式也就大大减弱，转而成为了一种全球治理的工具。[2]然而，21世纪前二十年的世界政治经济发展清楚表明全球化的进路充满坎坷，全球治理时代的国家间互动并不比历史上任何一个时期更少矛盾和更易合作。相反，经济和技术的进步使人类世界更深入地交织成为一个你中有我、我中有你的命运共同体之后，传统安全和非传统安全的威胁都比以往更复杂，民族国家的内外决策能力遭到前所未有的削弱，国家治理和全球治理同时进入了需要更新观念和方式的历史阶段，多边主义在凝聚共识、形成规范和执行规则方面遇到的困难和挑战也是空前复杂的。针对共识稀缺的困境，2021年国际社会在对抗全球疫情的艰难磨合中度过了多边主义的新元年，重启多边主义合作的努力已经在关键国际组织之间有效推进，核心大国也在尽

---

　　〔1〕　本章研究内容曾作为作者文章的一部分公开发表，参见李晓燕："从多边主义到新多边主义：共识稀缺困境及其出路"，载《学术界》2022年第5期。

　　〔2〕　See Ole Jacob Sending, Vincent Pouliot, Iver B. Neumann, *Diplomacy and the Making of World Politics*, Cambridge University Press, 2015, pp. 300-301.

其所能地"共同发声"，强调国际交往的原则和边界。

一、百年未有之大变局与全球治理体系变革

党的十九大以来，习近平总书记多次指出，"当今世界正经历百年未有之大变局"。这是我们党立足中华民族伟大复兴战略全局，科学认识全球发展大势、深刻洞察世界格局变化而作出的重大判断，也是准确认识当前世界政治经济变革的方向和有效推动全球治理体系重塑的根本依据。多边主义是准确把握"百年未有之大变局"的理论基石，国际格局的历次变迁都离不开多边主义，没有自然产生的霸权国和国际秩序，秩序和规则都是在多边主义框架下通过协商一致而来的，国际格局的百年之变同时也意味着多边主义的百年经验与模式需要发生相应的调整与变革。

首先，百年未有之大变局的核心特征是发展中国家的群体性崛起，改变了长期以来的西方中心主义国际关系。2017 年12 月，习近平在接见 2017 年度驻外使节工作会议与会使节的讲话中指出，"新世纪以来一大批新兴市场国家和发展中国家迅速发展，世界多极化加速发展，国际格局日趋均衡，国际潮流大势不可逆转。"这说明，大变局虽然是前所未有的新格局，但是世界政治经济发展的必然结果，是市场化和工业化带来更多国家和地区的均衡化发展，从而一定程度上缩小了发展中世界与西方工业强国的差距造成的新形势。因此，无论西方强国还是新兴发展中国家都要认真分析和正确理解这种新形势，做出相应的调整，充分实现新时期的政治权责不可分割原则。否定变化和一味维护霸权优势的做法行不通，无视变化和规避国际责任也不是合理的选择，只有在协商一致基础上重新

明确适应新格局的政治权责分配，有效的多边主义合作和全球治理体系才能得以运行。

其次，百年未有之大变局造成的压力比历史上任何时期都要求合作而不是对抗成为国际交往的主题。2019 年 6 月，习近平在第 23 届圣彼得堡国际经济论坛的致辞中指出，"新一轮科技革命和产业变革带来的新陈代谢和激烈竞争前所未有，全球治理体系和国际形势变化的不适应、不对称前所未有。"这说明西方工业强国对国际格局的掌控能力大大下降，但是并非西方经验和模式完全失灵，群体性崛起的发展中国家彼此之间无论在地理、历史、国情等条件还是现实发展诉求方面都存在众多差异，并不是观点主张一致和相关经验丰富的挑战者。所以，百年未有之大变局的时代背景要求双方都要彻底抛弃旧观念，积极凝聚新共识，任何单方面供应的经验和模式都不可能完全适用于新形势和解决新问题，充分的交流沟通和协商一致理应成为当前最基本的国际交往方式。

再其次，百年未有之大变局对国家治理和全球治理提出的挑战都是前所未有的，因此要求国家治理能力的现代化和全球治理体系的变革，旧有的经验特别是西方工业化发展道路的经验已经被证明存在明显的不足和弊端。习近平主席在 2019 年 12 月中共中央政治局"不忘初心、牢记使命"专题民主生活会上的讲话中指出，"当今世界正经历百年未有之大变局，国内外形势正在发生深刻复杂变化，来自各方面的风险挑战明显增多，迫切需要我们在加强国家制度建设和治理能力建设上下更大功夫，使我们的制度优势充分发挥出来，更好转化为治理效能。"这也清楚说明了任何国家和民族的发展道路都不是既定的，都要在不断适应国内条件和国际环境的探索中确定适合本民族和国家的发展方式。只有充分实现符合人民利益的发展才是经得住历史考验的发展，只有实现本民族和全人类福祉的治理方式才是有效的治理方式。

最后，新冠疫情的全球大流行加剧了百年未有之大变局造成的世界政治经济分裂，但"和平与发展"仍是时代主题，多边主义框架下的国际合作是唯一出路。2020年9月，习近平主席在第75届联合国大会一般性辩论上的讲话中指出，"人类社会发展史，就是一部不断战胜各种挑战和困难的历史。新冠疫情全球大流行和世界百年未有之大变局相互影响，但和平与发展的时代主题没有变，各国人民和平发展合作共赢的期待更加强烈。新冠疫情不会是人类面临的最后一次危机，我们必须做好携手迎接更多全球性挑战的准备。"2021年1月习近平主席在世界经济论坛"达沃斯议程"对话会的特别致辞中发出了"让多边主义的火炬照亮人类前行之路"的倡议，并且高瞻远瞩地强调"21世纪的多边主义要守正出新、面向未来，既要坚持多边主义的核心价值和基本原则，也要立足世界格局变化，着眼应对全球性挑战需要，在广泛协商、凝聚共识基础上改革和完善全球治理体系。"

二、共商共建共享是全球治理体系变革的目标方向

全球治理应该是一个协商过程，通过平等协商解决不同问题领域的责任分担和利益共享问题。自冷战结束后借助世界经济和技术的飞跃式发展，特别是新千年以来互联网和信息技术的革命性突破，全球治理在理论和实践层面都遇到了前所未有的新形势，集中表现为旧工业集团与新兴市场国家的实力地位和发展诉求出现了颠覆式变迁。旧工业国家与新兴市场国家处

于不同的发展阶段，对国家利益的界定和对不同问题领域的轻重缓急认识不同，因此对全球治理问题领域的意见和主张也不一致。以应对气候变化领域的"共同但有区别的责任"原则为例。一方面，新兴国家确实应该承担更多责任，努力实现可持续发展；另一方面，也不能要求新兴市场国家特别是欠发达国家，以牺牲本国基本发展战略为代价，去实现超越其发展阶段的目标。[1]国际社会就"共同但有区别的责任"原则的争论已经持续半个世纪之久，争论双方业已发生剧变的实力地位和发展经验并没有改变彼此之间的观念鸿沟。联合国大会确定于 2022 年 6 月召开"斯德哥尔摩+50：一个健康的地球，促进所有人的繁荣——我们的责任，我们的机会"的国际会议主题事实上反映了推动全球治理体系变革本身就是一个有效的多边主义共识和国际社会共同努力的目标。

　　作为发展中世界的一员，中国始终是全球治理的积极参与者和坚定支持者。中国在深化改革和扩大开放中取得经济社会发展的巨大进步，在对自身发展经验进行系统总结的基础上，中国提出了"共商共建共享"原则作为全球治理体系变革的目标方向。党的十九大报告指出，"中国秉持共商共建共享的全球治理观""倡导国际关系民主化""积极参与全球治理体系改革和建设"[2]。共商共建共享的新型全球治理观强调治理的主体多元、开放包容和公平公正，旨在推动构建新型国际关系，构建人类命运共同体。倡导共商共建共享的新型全球治

---

　　〔1〕　参见秦亚青、魏玲："新型全球治理观与'一带一路'合作实践"，载《外交评论（外交学院学报）》2018 年第 2 期。
　　〔2〕　习近平：《决胜全面建设小康社会 夺取新时代中国特色社会主义伟大胜利——在中国共产党第十九次全国代表大会上的报告》，人民出版社 2017 年版，第 21 页。

理观和"一带一路"新型全球治理实践有助于解决当前全球治理的机制失灵、发展失衡和世界失序问题。[1]

共商共建共享的新型全球治理观要求遵循更具包容性的治理原则。所谓包容性是相对于垄断性而言的，也就是说作为国际体系主要行为体的主权国家都有平等的制度性权力，包括参与全球治理的政治权利、参与制定国际规则和全球治理决策的话语权力、自由进入国际市场、参与国际经济竞争并且获得公平经济收益的发展权利。无论是在全球治理的政治安全领域还是经济、社会领域，任何国家都没有垄断性权利，任何国家政治经济实力的增长都不能以牺牲其他国家的利益为代价。

共商共建共享的全球治理观意味着更具开放性的治理方式。开放指的是参与成员开放、议程开放、合作过程开放和结果开放，旨在防止治理机制封闭化和规则碎片化。过程开放的全球治理不应简单地以制度化水平为衡量标准，不应机械地预设固定成员、路径和具体目标，而是应该以问题为导向，以有效应对跨国威胁、凝聚共识、促进合作与共同发展为宗旨，同意合作议程并且愿意承担责任的国家都可以加入进来，在实践过程中不断与时俱进地进行调整和协调，并以非歧视性原则为基础与非成员国共同分享利益。

共商共建共享的全球治理观要求建立更具公正性的治理规则。国际规则是全球治理的核心，是多边主义的基本机制；有效规则是有效治理的必要条件。公平公正的规则有助于加强信

---

[1] 参见秦亚青、魏玲："新型全球治理观与'一带一路'合作实践"，载《外文评论（外交学院学报）》2018 年第 2 期。

息透明度，降低不确定性和交易成本，促进国际合作。[1]规则是世界秩序的基础，制定和实施什么样的规则会在很大程度上决定利益天平倾斜的方向，也将对未来全球治理走向和未来世界秩序形态产生深远影响。更为公正的国际规则需要考虑国际社会的整体利益和大多数国家的重要利益，需要考虑不同国家和地区的具体情况，需要大家共同参与规则制定的过程，只有这样，国际规则才能得到有效的实施。

共商共建共享的全球治理观超越了国家和意识形态的分野，共同面对跨国威胁，共同承担治理责任，共同享有发展成果可以有效纠正全球化进程中权责不等、发展不均、分配不公的问题，有效避免治理失灵和体系失序。当前全球治理赤字的根源是治理理念和实践已经滞后于国际关系和世界政治的现实变化，尤其是拥有世界人口绝大多数的新兴市场国家和发展中国家无法获得公平的代表性、发言权和发展权利，出现了严重的规则赤字、民主赤字和发展赤字。中国提出"共商共建共享"的新型全球治理观，并以此为指导提出共建"一带一路"的倡议并付诸实践。"一带一路"倡议是以新型全球治理观为指导的国际实践，以构建多元协商的合作体系、开放包容的世界经济和以可持续发展为核心的共同体为主要内涵和目标。"共商共建共享"思想与"一带一路"行动实现了高度契合，形成了理论和实践的有机统一。共商共建共享的新型全球治理观和共建"一带一路"国际合作实践，是新时代中国与国际体系互动的最重要内容，也为正在"强起来"的中国塑造自

---

〔1〕 See Robert O. Keohane, *After Hegemony: Cooperation and Discord in the World Political and Economy*, Princeton University Press, 1984.

己、塑造世界、塑造新时代创造了重大的历史和现实机遇。[1]

三、多边主义是推动全球治理体系变革的根本出路

坚持真正的多边主义是有效推动全球治理体系变革的实践基础。真正的多边主义不是排他的小集团，也不是全盘否定或推翻现有的合作框架与制度安排，而是充分尊重主权平等和开放性原则，经过参与各方协商一致取得共识，并将其转变为可接受的规范与可操作的规则的艰难过程，不能由霸权国单方供应，离不开任何一方的实际努力。

2016 年 9 月 27 日下午，中共中央政治局就二十国集团领导人峰会和全球治理体系变革进行第三十五次集体学习。中共中央总书记习近平在主持学习时强调，全球治理格局取决于国际力量对比，全球治理体系变革源于国际力量对比变化。我们要坚持以经济发展为中心，集中力量办好自己的事情，不断增强我们在国际上说话办事的实力。我们要积极参与全球治理，主动承担国际责任，但也要尽力而为、量力而行。习近平指出，随着时代发展，现行全球治理体系不适应的地方越来越多，国际社会对变革全球治理体系的呼声越来越高。推动全球治理体系变革是国际社会大家的事，要坚持共商共建共享原则，使关于全球治理体系变革的主张转化为各方共识，形成一致行动。要坚持为发展中国家发声，加强同发展中国家团结合作。

---

[1] 参见秦亚青、魏玲：“新型全球治理观与'一带一路'合作实践”，载《外交评论（外交学院学报）》2018 年第 2 期。

全球治理的概念与实践源于西方工业化的发展经验，带有西方话语和视角的特征，在进入新千年之初的世界市场深度融合的历史时期发挥了重要作用，强调跨国界的交流与合作也是应对世界政治经济发展中的各类问题的基础。但是，全球治理不能局限于西方工业化的经验，要准确反映不同国家和地区的发展差异及合理诉求，在尊重主权平等原则的前提下经过充分协商、凝聚共识，才能充分发挥各个国家和地区的积极能动性，应对日益复杂的传统安全和非传统安全难题，促进不同国家和地区的充分均衡发展。特别是，针对现有的全球治理理念和实现方式基本是来自冷战结束后的新自由主义西方理论和政策主张，变革必须从反思和重塑开始，寻找真正有利于全球治理的思想理念和解决方案。

全球治理的本质内涵即在没有世界政府的国际事务中，只有形成"国际上的事由大家商量着办"的规则和秩序，才能有效处理各类复杂的跨国界问题的政治理论和实践。然而，鉴于二战结束以来的南北发展差距和冷战后国际格局的单极化倾向，少数西方工业强国事实上控制了全球治理的议程和规则，广大发展中世界则处于"集体失声"和被动适应的地位。新自由主义政治理论和发展模式当然符合部分国家和地区的发展诉求，却不是普遍真理或者唯一道路，甚至很快暴露出违背全球治理本质的弊端，并使其陷入困境。主要表现在三方面：一是国家政府的治理能力在日益复杂的经济、技术和跨国问题面前明显弱化，西方工业国家政府的旧经验失灵，新兴工业国家又缺乏相关治理经验。过去几十年，受到新自由主义"小政府、弱政府、政府为恶、有限政府、公共部门私有化"等理论影响，很多国家政府的执政能力不仅没有提升，反而不断下降，国内政治精英的分裂和政党政治的斗争大大削弱了其带领国家参与全球治理的意愿和能力。二是国际组织在全球治理中的声誉并没有随着全球化进程的加速和深化而提高，反而遭到更多的质疑和批判。其中一个重要原因就是很多国际组织迫于经费压力而接受跨国公司的资助，跨国公司利用注入资金的机会将自身议程嵌入全球治理的议程，干扰国际组织的自主性。国际组织不是积极实现成员国的共识，而是优先推动跨国公司支持的议程，因此也很难成为全球治理的支柱力量。三是很多号称中立的非政府组织事实上带有很强的资本主义属性，特别是其中的行业协会、评级机构、跨国商业组织往往与西方工业大国的商业利益紧密联系，在全球经济治理体系中掌握巨大的权力，[1] 它们对发展中国家主权政府的倾轧不是旨在维护全球治理体系的公平公正运行，反而是破坏主权平等原则的消极力量。纠正这种消极力量对全球治理体系的干扰和控制也是当前推动全球治理体系变革的重要目标之一。

2008 年金融危机以来的世界政治经济格局发生了深刻变革，2020 年新冠疫情全球传播引发的世界分裂危机都表明全球治理体系已经发生前所未有的变化。在西方工业集团的霸权优势地位不再、发展中国家群体性崛起、各类全球性难题交叠出现的新形势下，多边主义作为弥合分歧、凝聚合作的根本途径尤其凸显其时代价值。20 世纪以来，国际关系发展中的历次重大危机都是在多边主义基础上克服和重建世界秩序的，多边主义也将成为当前推动全球治理体系发生有效变革的根本出路。全球治理与多边主义具有内在联系，但是有很多曲解多边

---

〔1〕 参见苏长和："大变局下的全球治理变革：挑战与前景"，载《当代世界》2021 年第 7 期。

主义的争论和主张，特别是西方工业集团借多边主义之名行霸权复兴之实的意图非常明显。还原多边主义的本质内涵就要始终以主权平等与开放性原则对抗"伪多边主义"的歧视性安排，以确保充分发展为目标的政治权责不可分割原则消解"伪多边主义"的排他性规则，以扩散性互惠原则的实现取代"伪多边主义"对群体外国家的利益损害。

如何构建一个既尊重各国主权又避免各国各自为政的全球治理体系是任何一种变革方案都要面对的问题。全球治理内在需要的国际合作与主权平等制度之间看似是一对矛盾关系，但是矛盾并非绝对的二元对立和非此即彼。认为全球治理必然削弱国家主权是旧的全球治理理念，全球治理体系的变革方向就是要将深化国际合作与有效维护主权更好地协调而不是简单对立起来。有些全球问题的产生恰恰是与很多国家的国内政策产生的负面外部性有关，更需要主权国家在制定政策时主动将自身利益与他国合理关切结合起来。深度互联互通的世界意味着各国间的关联利益日益增加，关联利益实际上构成了新型国际关系的基础，各国在内外政策中逐步实现关联利益并将其制度化、程序化也是全球治理体系变革的重要方向。[1]

多边主义是一个不断演进的政治过程，而不是某种固定的发展模式或者制度设计，因此真正的多边主义要求顺应时势的变化，创新观念和实践。全球治理实践的创新也是构建新型国际关系的可行路径，是在求同存异中探寻指向人类命运共同体的多边主义合作的必然选择。正如习近平总书记在 2021 年 2 月党史学习教育动员大会的讲话中指出的，"虽有智慧，不如

---

[1]　参见苏长和："大变局下的全球治理变革：挑战与前景"，载《当代世界》2021 年第 7 期。

乘势。"了解历史才能看得远，理解历史才能走得远。树立大历史观，从历史长河、时代大潮、全球风云中分析演变机理、探究历史规律，提出因应的战略策略，增强工作的系统性、预见性、创造性。推动全球治理体系的变革同样需要从多边主义和全球治理的历史中思考创新与突破的方向，更新沟通方式，凝聚新共识，尝试新途径。

2021年7月作为庆祝中国共产党建党一百周年重大活动之一的中国共产党与世界政党领导人峰会（CPC and World Political Parties Summit），旨在同世界各国政党加强治国理政经验交流互鉴，共同应对世界百年变局和世纪疫情的挑战，增强为人民谋幸福的理念和能力，促进世界和平与发展，推动构建人类命运共同体。[1]习近平在出席视频峰会的讲话中指出，"中国共产党愿继续与各国政党和政治组织一道，站在历史正确的一边，站在人类进步的一边"，"始终不渝做世界和平的建设者、全球发展的贡献者、国际秩序的维护者"，"为推动构建人类命运共同体、建设更加美好的世界作出新的更大贡献"。[2]讲话明确表达了中国共产党执政为民的目标宗旨是确保其百年成就的根本，也对美国霸权复兴借助的所谓扩展版民主俱乐部实则是以意识形态划线的本质以了准确揭露。

习近平讲话强调中国共产党和中国改革开放事业始终致力于为全球发展做贡献，维护国际秩序的公平正义，因此是多边主义的真正践行者。一方面，在建党百年之际，中国共产党做

---

〔1〕 "习近平将出席中国共产党与世界政党领导人峰会"，载新华社：https：//wap. peopleapp. com/article/6241961/6140419.

〔2〕 习近平："加强政党合作 共谋人民幸福"，载 http：//www. gov. cn/xinwen/2021－07／07/content_ 5622904. htm ，2021 年 12 月 20 日。

出庄严的承诺，"我们要担负起凝聚共识的责任，坚守和弘扬全人类共同价值。各国历史、文化、制度、发展水平不尽相同，但各国人民都追求和平、发展、公平、正义、民主、自由的全人类共同价值。我们要本着对人类前途命运高度负责的态度，做全人类共同价值的倡导者，以宽广胸怀理解不同文明对价值内涵的认识，尊重不同国家人民对价值实现路径的探索，把全人类共同价值具体地、现实地体现到实现本国人民利益的实践中去。"本着对人类命运高度负责的态度，实现为人民谋利益的发展，是当前时期最有效的新多边主义共识，最可能在此共识基础上重启多边主义合作，在应对气候变化、击退世界疫情等问题领域取得进展。另一方面，"我们要担负起促进发展的责任，让发展成果更多更公平地惠及各国人民。在人类追求幸福的道路上，一个国家、一个民族都不能少。世界上所有国家、所有民族都应该享有平等发展的机会和权利。""通向幸福的道路不尽相同，各国人民有权选择自己的发展道路和制度模式，这本身就是人民幸福的应有之义。""一个国家民主不民主，要由这个国家的人民来评判"。[1]中国共产党和中国国家政府的承诺与倡议清楚指明了当前多边主义面临的困境与突破的方向，也是对百年未有之大变局引发全球治理体系变革的必然性及其向好前景做出的准确判断。

四、当前多边主义面临的挑战及其发展前景

多边主义作为二战后国际交往的基本形式始终是在与双边

---

[1]　习近平："加强政党合作　共谋人民幸福"，载 http://www.gov.cn/xinwen/2021-07/07/content_ 5622904.htm，2021 年 12 月 20 日。

主义并行发展，是在民族国家为实现主权利益而权衡多元路径选择的过程中不断演进的。哪种共同利益符合自身的国家利益，哪种价值目标与本国的价值观体系能够契合都是在反复的交流沟通和充分的协商一致基础上才能成为多边主义共识，进而生成多边主义合作的。因此，多边主义的实现过程从来都比其他国际交往方式面临更多的挑战。当前阶段的最突出障碍则是自二战结束以来前所未有的困境，一方面是出现民族国家多边主义合作意愿的最低点，凝聚共识成为最大难题，超过了此前长期存在的转化规范和执行规则分歧。另一方面是现有多边主义合作的成效产出进入周期性发展最低点，也是"百年未有之大变局"必然要求多边主义合作方式革新的重要原因之一。民族国家的主观意愿低，多边主义的客观成效差，进退两难的多边主义陷入了发展历史上罕见的谷底期。

当前多边主义合作面临的共识稀缺困境源于二战结束以来从未出现的"霸权国推卸责任"安全阀被执政四年的特朗普政府触动，此后引发了国际社会对多边主义合作的悲观判断持续蔓延，2020年新冠疫情全球扩散使得民族国家行为体对利益目标和价值目标的估算都进入高度内聚状态，多边合作的外溢性则呈现最低点，多边主义合作的意愿池几近枯竭，出现了"大河无水小河干"的窘境。尤其是2016年以来民粹现实主义强势回归欧美政治，西方工业世界的高失业率、恐怖主义和难民危机三重挫折统统被归咎于多边主义。[1]多边主义为维护劳动者权利和基本人权而生成的绝大多数国际规范和规则都被质疑和否定，"我们—他者"的边界被前所未有地划分为本

---

〔1〕 See Kathryn C. Lavelle, *The Challenge of Multilateralism*, Yale University Press, 2020, p. 234.

国利益与外国利益的鸿沟，二战结束以来最活跃的多边主义推助力量在短短两三年的时间内几乎彻底隐匿甚至成为最激烈的反对声音。G7 集团代表的西方民主和资本主义在冷战后一度被认为是实现持久和平与繁荣的最佳模式，却在遭遇 2008 年世界金融危机后急转直下地迅速失去吸引力，原本被认为理应最支持全球化和多边主义的精英阶层在反全球化的政治决策中竟然毫无违和感，舆论的转向造成的观念困惑和主张分裂成为多边主义发展史上最糟糕的环境条件。科技革命特别是信息技术的突飞猛进史无前例地激发了每一个普通个体对国家治理和全球治理事务的多元感知和观点表达，以至于任何一国政府在内外决策及其执行过程中的权限都相对减弱了，都需要更多争取国内民众和国际舆论的支持和认可，在此基础上才能制定和执行决策，这也是当前多边主义发展面临的新挑战。

以美国为例，2021 年 10 月 27 日国务卿布林肯在外交服务局（Foreign Service Institute，George P. Shultz National Foreign Affairs Training Center）的讲话中做了所谓"美国外交政策的现代化"的发言。[1]明确阐释了"美国外交政策现代化"的五大支柱分别是：第一，在对未来几年国家安全至关重要的领域重塑实力和优势（build capacity and expertise），特别是气候、全球卫生、网络安全、新兴技术、经济、多边外交；第二，宣扬新声音，鼓励更多创新和创造，设立新的政策思想渠道，让世界各地的职员能够与政府部门领导人直接沟通他们的政策观点；第三，建设和培养一支多元化、有活力、富有创业

---

〔1〕　Secretary Antony J. Blinken on the Modernization of American Diplomacy，载 https：//www. state. gov/secretary-antony-j-blinken-on-the-modernization-of-american-diplomacy/，2021 年 10 月 28 日。

精神的工作队伍，给我们的职员提供装备和力量支持，充分发挥美国在种族、宗教、民族和国家来源方面的多元化优势，确保其在全世界最具竞争力的优势；第四，实现技术、通讯、分析能力的现代化，充分发挥美国的技术最强国优势；第五，重振对提升美国国家利益至关重要的现场外交（in-person diplomacy）和公众参与（public engagement）。可以说，目前拜登政府对美国外交的改革创新几乎全都建立在适应多边主义发展的新方向之上，是适应新变化而试图重塑其多边主义领导力的应时之举。

在经历了民粹现实主义的肆意破坏和新冠疫情全球传播的灾难性挫折后，国际社会逐渐认可了多边主义仍是解决当今世界面临的难题的基本途径，但是新形势和新挑战又清楚地表明重走老路的选择是行不通的。在这个意义上，2021 年其实是多边主义的重启元年，习近平主席在达沃斯世界经济论坛上关于"高举多边主义火炬照亮人类前行之路"的倡议和拜登执政后明确承认多边主义仍是美国政府的重要外交选择都标志着多边主义进入历史新阶段，旨在充分协商一致基础上确保实现大多数国家和地区的真正可持续发展与充分主权平等的新多边主义才符合时代之需。

当前多边主义发展陷入困境的另一方面原因是 20 世纪以来与多边主义进展相伴相生的工业化繁荣周期进入边际收益最低点，迫切需要根本性变革和转型。西方工业化模式带来的繁荣在经过了一个世纪的发展周期后，不可遏制地陷入了生产增长和经济繁荣的边际收益显著低于环境污染、气候变化、南北差距等负面效应的谷底期。西方工业强国供应的发展道路和经验不仅不能解决大多数发展中国家和地区面临的问题，而且恰恰相反会加剧相关问题造成的困境和恶劣影响。各国对自身安全与发展的道路探索都需要找到更适配自身地理、历史、文化条件的途径，[1]因此多边主义也进入寻求最大公约数的艰难时期，业已走过了仅靠少数西方强国供应的模式就能奏效的发展阶段。二战结束以来逐步建立的多边主义合作框架相继暴露出无法调和的矛盾，西方工业强国的经验从经济贸易领域的布雷顿森林制度设计到政治安全领域的联合国体系，从气候变化领域的减排方案到公共卫生领域的应急响应机制，在倍速发展的全球化进程中陷入几乎全面失灵的僵局。

此次工业化繁荣的周期自二战结束以来持续了接近 70 年的超长时段，基本涵盖了当今国际社会的认知形成过程，出现了现有的国际关系知识精英和相关理论都无法充分解释和预测的现象。然而，再长的周期也只能是历史长河的一部分，2020年美国大选暴露的两党政治"古稀两难"和全球国际关系学对所谓自由国际秩序的全面唱衰都标志着"美国世纪"的终结。美国的经验仅仅是多边主义发展史中的一个时期，既不具有普世性也不是永恒真理。多边主义本身才是国际关系的历史产物，是国家间交往的基本方式，旨在实现充分的主权平等与不同国家和地区的真正可持续发展。多边主义在不同的历史时期和不同的国际环境中需要不同的实现方式，也是国际社会克服危机和重建世界秩序的必由之路。

针对上述两方面困境，生成新共识就成为当前推进多边主义合作的首要难题，结合历史经验和发展现状可以预期几个可行的突破方向：一是另辟蹊径，积极开发民族国家以外的多边

---

〔1〕　See Ian Bremmer, Nouriel Roubini, "A G-Zero World: The New Economic Club Will Produce Conflict, Not Cooperation", *Foreign Affairs 90*, 2011, p. 7.

主义共识供应者。长期以来，多边主义共识的来源主要是民族国家，经民族国家充分协商后达成一致，凝聚共识，转化成规范和规则。如果该议题领域的多边主义合作长期化和常设化，则会建立相应的多边制度或国际组织。不过常设化制度的出现并不是必然的和向好的，二战后大量多边制度和国际组织虽然提高了多边主义合作的效率，但其深受少数西方大国影响的弊端却饱受批评。有学者就提出，反全球化其实是反美主义的一种表达。[1] 1999 年西雅图抗议者对世界贸易组织的激烈批判就是针对 WTO 偏狭地将美国等少数西方大国的共识替代了真正的多边主义共识，严重地损害了劳动者的权利，以贸易自由之名塑造的世界经济和工业化生产模式破坏了人类共有的环境而发生的。2018 年特朗普政府大搞贸易战和公然违背世界贸易组织规则更是用霸权国的意志直接扼杀了国际社会的多边主义共识。在经历了漫长的世界政治经济分裂危机后，国际社会的合作诉求逐渐回温，与全球治理议题密切相关的国际组织已经表现出从多边主义共识的需求方向供给方转化的明确动向。比如，世界卫生组织在组织目标的实现方式中持续强调应对气候变化的意义，有望规避大国战略竞争对多边主义合作的阻滞作用，尽快生成有效的新多边主义共识，将现有的资金资源投入到实际的国际合作中去。这种新变化需要国际社会共同维护，在民族主义高筑围墙之外积极生长的新多边主义共识也是多边主义发展的新特征和新方向。

二是求同存异，重申民族国家的旧共识，避免共识稀缺的议题领域出现失控的风险。比如在 2022 年初大国战略竞争形

---

[1] See Jagdish Bhagwati, *In Defense of Globalization*, Oxford University Press, 2004, p. 27.

势明显超过合作诉求的情况下，五个核大国发表了《关于防止核战争与避免军事竞赛的联合声明》（以下简称《联合声明》），"中华人民共和国、法兰西共和国、俄罗斯联邦、大不列颠及北爱尔兰联合王国和美利坚合众国认为，避免核武器国家间爆发战争和减少战略风险是我们的首要责任。"坚定表达了避免大国战争、维护战后世界和平是当前国际关系的共识基础。无论世界政治经济形势发生多么不同的变化，决不能让历史倒退的基本共识不会变。《联合声明》对意识形态分歧和经济科技激烈竞争的世界政治经济形势并不能违背和平发展的时代主题予以肯定，指出"鉴于核武器使用将造成影响深远的后果，我们也申明，只要核武器继续存在，就应该服务于防御目的、慑止侵略和防止战争。我们坚信必须防止核武器进一步扩散。"同时，和平的保障离不开世界各国的努力，深化合作仍然是坚定的方向和国际社会共同的目标，任何合作都应建立在此共识基础上，因此《联合声明》指出五大国"强调愿与各国一道努力，创造更有利于促进裁军的安全环境，最终目标是以各国安全不受减损的原则建立一个无核武器世界。我们将继续寻找双、多边外交方式，避免军事对抗，增强稳定性和可预见性，增进相互理解和信任，并防止一场毫无裨益且危及各方的军备竞赛。我们决心在相互尊重和承认彼此安全利益与关切的基础上开展建设性对话。"[1]

三是多重叠加，在不同的多边制度之间互相激发可能的共识，寻找与国际合作的历时性外溢并行不悖的共时性黏连。针

---

〔1〕　中华人民共和国外交部："五个核武器国家领导人关于防止核战争与避免军备竞赛的联合声明"，载 https://www.mfa.gov.cn/web/ziliao_ 674904/1179_ 674909/202201/t20220103_ 10478507.shtml，2022 年 2 月 3 日。

对当前多边主义面临的最突出挑战，有学者提出了通过多边制度间合作的方式重启新多边主义的方案，认为合作不仅是为了战胜疫情，也是确保世界和平稳定、国际社会有序进化和人类命运共同体健康发展的重要条件。重启多边主义合作离不开对多边制度的改革，从目前的国际条件看，"G20+1"的模式就是可行路径之一，亦即 G20 承担政治领导责任，联合国专门机构发挥咨询实施作用。比如在全球公共卫生安全领域，G20 的政治领导和 WHO 的咨询实施就可能形成一种比较有效的全球行动模式。G20 包含了世界主要国家和欧盟等重要国际行为体，有高度的权威性和比较充分的代表性，并且因为成员较少，更容易达成危机决策。一旦出现全球性公共安全威胁，G20 可以宣示合作意愿，提出指导原则，协调各国政策，承担全面推进国际合作的领导责任，是霸权合作的时代终结后最为有效的多边集体领导的国际制度框架。联合国专门机构可以在全球合作框架中发挥政策咨询和任务实施的作用。在当前的国际环境中，由于缺乏相应的政治权威和权力资源，要求联合国专门机构发挥核心领导作用是不现实的。[1]但是，作为某一专门领域凝聚共识后形成的多边主义合作框架，联合国专门机构的知识和技术权威性不容颠覆，多边主义是全球治理的最合理途径，多边合作是应对全球性威胁的最有效方式。

四是包容创新，鼓励源自发展中世界的新多边主义合作方式。比如，在全面参与全球治理的进程中，金砖国家是一支建设性力量。金砖成员国都是地区或全球性大国，虽然各国实力

〔1〕 参见秦亚青："合作：命运共同体发展的铁律"，载《国际问题研究》2020 年第 3 期。

和发展水平有所不同，但是在多边制度和全球治理中，金砖国家基于主权平等和协商一致原则加强协调和沟通，"用一个声音说话"，摈弃实力原则，也没有采取多数决策原则，是构建新型国际关系的有效创新实践。[1]金砖国家是一个开放包容的共同体。金砖国家的政治制度和发展模式等都不尽相同，各成员国对金砖合作都有不同的具体规划和利益诉求。但是金砖国家坚持求同存异，互相包容；在全球治理中，金砖合作没有采取封闭的大国俱乐部模式，不追求政治和军事同盟，而是通过对话会、"金砖+"等模式，打造全球伙伴关系网络。[2]也有学者主张通过新兴发展中国家的合作机制与既有的多边主义合作平台对话，充当南北合作的新桥梁，在提升发展中国家整体地位的同时又避免与现有国际体系"脱钩"或者"制衡"的旧思维。比如，金砖国家在二十国集团、世界贸易组织、联合国系统内与发达国家的合作都属于多边主义合作历史上前所未有的创新途径。[3]

与此同时，金砖合作也在两个方向上开启了"新型南南合作"的成功探索。其一，不同于传统南南合作主要集中于经贸领域，金砖合作致力于发展领域的全方位合作，包括落实联合国2030年可持续发展目标、新兴的数字经济发展领域，

---

〔1〕　参见王磊："金砖国家合作与全球治理体系变革：路径及其实践"，载《广东社会科学》2017年第6期。

〔2〕　参见王磊："金砖国家合作与全球治理体系变革：路径及其实践"，载《广东社会科学》2017年第6期。

〔3〕　See Stephan Keukeleire, Bas Hooijmaaijers, "The BRICS and Other Emerging Power Alliances and Multilateral Organizations in the Asia-Pacific and the Global South: Challenges for the European Union and Its View on Multilateralism", *Journal of Common Market Studies*, Vol. 52, No. 3. , 2014, pp. 582-599.

等等。其二，传统南南合作主要"以说为主"，强调发展中国家用"同一个声音说话"以维护发展中国家的共同利益，而金砖合作增加了"以做为主"的务实合作新内涵，创建体现新发展理念的新型开发银行，在平权治理结构、与借款国关系、本币投融资与可持续基础设施项目等方面实现了制度创新，进一步丰富了国际发展融资体系的理念和实践，一定程度上引领了全球发展融资体系的制度变革。[1]

2022年适逢中国担任金砖合作的轮值主席国，也是中共二十大召开的重要历史时刻，可以说，以中国为代表的发展中国家以有效的新多边主义合作为全球治理体系变革注入了新共识和新规范，也向世界其他国家和地区提供了具有启发意义的发展经验和创新观念。国际社会虽然尚未完全摆脱新冠疫情的阴影，但是寻求有效的多边主义国际合作已经成为负责任大国的共识。疫情引发的世界政治分裂危机再次证明了霸主国占优的多边制度并非多边主义的唯一形式，制度运行本身一旦缺少了大国的自我约束也会陷入严重的困境。由于战后美国主导的自由国际秩序和制度霸权繁荣，源起于美国的多边主义理论研究在很长时间内屏蔽了多元的声音，理论思考的偏狭在遭遇特朗普政府全面破坏秩序和规则的现实危机后，已经进入反思和重建的全新历史阶段，美国国内学者的主流观点也基本表现出仅对原则式多边主义（principled multilateralism）的肯定。[2]多边主义合作一方面始于普遍性原则对参与方平等权利的维

〔1〕 参见朱杰进："金砖合作引领国际发展治理体系变革"，载《中国社会科学报》2022年1月13日，第A05版。

〔2〕 See David A. Lake, Lisa L. Martin, Thomas Risse, "Challenges to the Liberal Order: Reflections on *International Organization*," *International Organization*, Vol. 75, No. 2., 2021, p. 252.

护，另一方面也倚重政治权责的不可分割性，需要大国的智慧和担当。在 2021 年 5 月 7 日王毅部长主持的联合国安理会关于多边主义的公开辩论中，美国国务卿布林肯也明确承认了强国的自我约束对于维护多边主义的重要意义。[1] 多边主义从没有消除分歧，而是在分歧中充分协商和凝聚共识，帮助国际社会走出危机、重建秩序的有力工具。在新冠疫情仍在不断肆虐的现实压力下，国际社会需要再次高举多边主义火炬寻找一切可能的共识和有效的合作，道阻且长，行则将至。

---

〔1〕　Secretary Antony J. Blinken Virtual Remarks at the UN Security Council Open Debate on Multilateralism, 载 https://www. state. gov/secretary‐antony‐j‐blinken‐virtual‐remarks‐at‐the‐un‐security‐council‐open‐debate‐on‐multilateralism/, 2021 年 5 月 8 日。

后　记

　　对国际关系学科的热爱源于 2001 年大学毕业，从政治学一级学科的基础教育中我发现和选择了自己的研究志趣和方向。当时对国际关系和国际政治的理解非常粗浅，喜欢追逐热点问题，于是选择了"阿以冲突"作自己的毕业实习，很是下了一番功夫阅读文献和撰写教案，最后作为师大优秀毕业生的代表，自己的授课也被母校和带我们实习的指导老师给予了充分肯定。其实，指导老师本人的研究方向是国际组织，人也极为智慧、和善。今天想来，这可能是我与多边主义研究的一次擦肩而过。

　　随后，攻读硕士、博士学位期间，恩师都是国际关系理论研究领域的泰斗。在深入钻研了马克思主义的国际关系理论和西方国际关系理论之后，我坚定了在理论研究中以思考中国与世界的关系作为自己学术生涯的努力方向的信念，先看世界如何认识中国，再看中国如何理解世界，然后就来到了如何在国际关系理论研究中"讲好中国故事、中国道理"的阶段。在我的学术成长中，这条主线历经十余年日益清晰，于是有了《多边主义：历史与理论》这本书的写作，希望它能从一个侧面把我研究和思考的"中国与世界的关系"清楚呈现。借助它与我的学术前辈、同仁，以及学生们互相切磋、共同进步。

后 记

　　书稿的设计源于我在中国政法大学主讲的本科生专业必修课"近现代国际关系史"、研究生专业基础课"国际组织研究"，这些课程都将国际体系演变的动力和国际秩序生成的基础作为理解国际关系的钥匙，对我的国际关系理论研究有重要启发。主讲课程的十余年间，我深得既是同事也是师友的孙洁琬教授的提携与帮助，孙老师是我实现从学生到教师身份顺利转换并如愿获得归属感的领路人，希望能借本书的出版再次表达对她的感谢！

　　同时也要感谢始终关心我学术成长的恩师秦亚青教授，如果没有秦老师的督促与点拨，本书付梓可能还要一拖再拖，有价值的学术思考也会因为碎片化和疏于论证而荒废。诚如恩师所言，中国学者的国际关系理论自觉离不开围绕核心概念的系统论证，有意识的体系化是理论创新的必要环节。

　　秉持对学问的敬畏之心，我愿以《多边主义：历史与理论》忝列中国国际关系理论创新的黄金时代，抛砖引玉，释疑解惑。

2021 年 10 月 21 日

于京西湖畔

图书在版编目（CIP）数据

多边主义：历史与理论/李晓燕著. —北京：中国政法大学出版社，2022.6
ISBN 978-7-5764-0504-0

Ⅰ. ①多… Ⅱ. ①李… Ⅲ. ①国际关系学 Ⅳ. ①D80

中国版本图书馆 CIP 数据核字 (2022) 第 102466 号

出 版 者　中国政法大学出版社
地　　址　北京市海淀区西土城路 25 号
邮寄地址　北京 100088 信箱 8034 分箱　邮编 100088
网　　址　http://www.cuplpress.com (网络实名：中国政法大学出版社)
电　　话　010-58908285(总编室) 58908433 （编辑部） 58908334(邮购部)
承　　印　固安华明印业有限公司
开　　本　880mm×1230 mm　1/32
印　　张　5.5
字　　数　124 千字
版　　次　2022 年 6 月第 1 版
印　　次　2022 年 6 月第 1 次印刷
定　　价　35.00 元